绿色发展视域下
人的生存方式研究

邓秋菊 / 著

上海社会科学院出版社

本书由教育部人文社会科学研究项目
"绿色发展视域下人的生存方式研究"
(项目批准号:17YJC710011)资助出版

目录 CONTENTS

导　论 / 1
　　第一节　选题缘由与意义 / 1
　　第二节　国内外研究现状 / 7
　　第三节　研究方法与思路 / 21

第一章　现代人绿色生存瓶颈分析 / 27
　　第一节　当代人生存危机审视 / 28
　　第二节　生存危机的西方绿色行动反思 / 40

第二章　现代人生存方式的哲学批判 / 49
　　第一节　现代人生存基本范式 / 50
　　第二节　现代人生存范式哲学反思 / 69

第三章　新时代绿色发展视域下生存方式释义 / 115
　　第一节　新时代绿色发展理念的实践及意义 / 117
　　第二节　新时代绿色生存的本质规定 / 128

第四章　中国式现代化进程中的生存理念重构 / 151

　　第一节　传统实体性共同体精神的继承与发展 / 151

　　第二节　当代义利观沿革下生存理念的融合与突破 / 156

结　语 / 175

导 论

第一节 选题缘由与意义

一、选题缘由

（一）现实问题

自地球诞生，全球气候一直在变化，但工业革命以来的人类活动毫无疑问加剧了这一变化趋势。工业化与城市化使大气中焚烧化石燃料导致的二氧化碳含量剧增，温室气体直接引起了全球平均气温的升高，气候变化在全球范围引发了空前的灾难风险，极端天气不仅造成了人们生活的诸多不便，天气模式变化还造成了降雨带的变化，给粮食生产带来不利影响。海平面上升则加剧了灾难性洪灾、海啸等的风险，尤其使海岸线上的国家和地区面临巨大的生存危机，南极冰盖的融化、洋流的变化等使得全球生态平衡被打破。为了控制二氧化碳排放总量，实现碳循环平衡，各国试图以实现碳达峰、碳中和为目标共同构建一个"零碳社会"，这给全球的能源和生活消费模式带来了新的挑战。

虽然《巴黎协定》作为全球气候治理基本框架，对缔约国没有强制性约束力，但是为了努力将全球平均气温较工业化前的升高幅度控制在1.5℃之内，诸多国家纷纷制定了碳达峰到碳中和的目标时间。

中国作为快速发展中的高碳排放国家,承诺2030年实现碳达峰,2060年实现碳中和。"从世界范围看,中国是一个人均生态财富较低的国家,资源环境问题已经成为中国发展的最大挑战,中国的能源消费和二氧化碳的排放都已经取代美国成为世界第一,这不但对全球造成了巨大的负外部性,同样也严重脱离了中国人均资源紧缺、生态环境脆弱的基本国情。"[①] 相比不少已经实现了碳排放和经济增长的"脱钩"的发达国家来说,中国在单位GDP所对应的碳排放量上仍处于世界高位水平,达成减碳目标又不影响经济社会发展,这是中国以及其他处于追赶过程中的广大发展中国家共同面临的一道考题。中国作出碳中和目标承诺,承担了巨大的社会经济压力,但是正持续地积极作出努力。实现这一承诺既是承担全球气候治理应尽的责任,也是为中国自身发展探索新道路,即将碳中和目标的实现当作向高质量发展转变的契机。2023年9月22日清华大学发布《2023全球碳中和年度进展报告》,报告中对全球197个国家和地区的碳中和进展进行了系统评估,分别对各国在承诺、技术、资金和国际合作等各方面的实际进展作出评价,中国的碳中和政策-行动平均得分位列全球第五。[②]

而发达国家虽然在经济增长方面实现低碳排放,其高碳排放生活方式却也成了碳中和目标的拦路虎,相较于广大发展中国家技术积累、经济发展的滞后对碳中和目标形成的阻碍,不遑多让,甚至更加顽固。《巴黎协定》框架下作出承诺的一些发达国家近两年纷纷推迟或放弃碳中和目标的承诺。[③]

地球是当下人类唯一的家园,世界表面看起来技术日新月异,一派繁荣,但是繁荣景象之上所笼罩的阴影,对人类的生存发展提出了严峻的挑

[①] 胡鞍钢、周绍杰:《绿色发展:功能界定、机制分析与发展战略》,《中国人口·资源与环境》2014年第1期。

[②] 清华大学碳中和研究院、环境学院:《清华大学发布〈2023年全球碳中和年度进展报告〉》,http://www.thjj.org/sf_D7C3A621D4A342298BA4EA0342709DC2_227_8C0B6735583.html,2023年9月25日。

[③] 环球时报:《英国将禁止销售新汽车和柴油汽车推迟至2035年实施》,https://cn.chinadaily.com.cn/a/202309/21/WS650b9adda310936092f22c98.html,2023年9月21日;深蓝财经:《全球大事!多国放弃碳中和目标》,https://new.qq.com/rain/a/20220825A087R700,2022年8月25日。

战。无论是发展中国家出于生存发展的基本需要,还是发达国家对于高碳排放生活方式的惯性趋势,对全体人类的存续发展来说,至关重要的是怎样弥合理念与行动之间的鸿沟,真正将人与自然和谐共生的理念根植于行动中,而不是仅仅在文字、语言的口号中不断勒紧套在人类颈项上的绞索。

面对自然生存环境被破坏、资源和能源危机、落后国家与发达国家发展不平衡、分配带来的结构性困境,以及工业化现代化这一发展所创造出的同质性生活方式,物质主义与消费主义在全球范围内盛行带来对欲望的无限放大,进一步加剧了前述种种危机。

(二)行动对策简析

20世纪60年代一本《寂静的春天》为全球的绿色环保运动吹响了号角。老牌资本主义发达国家在两百多年的工业化、城市化中,一方面攫取本国资源,一方面以坚船利炮与单方面的自由贸易市场攫取全球资源服务,满足资本对剩余价值的追求,欧美发达国家率先过上高能耗、高排放的消费主义生活,并将之播撒向全球,将其树立成人类历史上最好的生活方式的标杆。这"最好生活"背后是如同《寂静的春天》中所描绘的那样的大恐怖,这样的"美好"更像是罂粟。

欧美环保运动逐渐兴盛起来,一些经济学家从理论上寻找方案。根据古典政治经济学如大卫·李嘉图所推论的,资本利润率随着资本有机构成的不断提高将无限下降,这一推断直接使得资本在传统的生产方式下丧失高额利润,制造业本身又是高污染高能耗,对本地环境危害巨大。英国、美国、日本等发达国家相继发生严重的环境污染事件,于是这些产业逐渐从发达国家向劳动力价值洼地即欠发达国家和地区转移,一方面使其可以继续追逐高额利润,另一方面解决了本地的污染问题,使得发达国家的自然生态环境逐步有了好转。但是气温、水流、土壤、动植物等这个生态系统是全球性的,传统工业生产所造成的能耗污染对地球生态系统的破坏不会因为区域转移而减弱。生态危机是全球性的,发达国家与欠发达国家都要面对,于是就有了全球气候大会的召开,绝大部分与会国家签署了相关协议,并最终根据各个国家和地区的实际情况有分别地承担相应份额，以期实现碳达峰、碳中和的"零碳世界"。

同样，也有观点希望人类能够停止物质生产的发展，专注于人类的精神。这种浪漫主义在出发点上是美好的，但显然是无法落地实现的。如前所述，全球性贫困依然存在，甚至形势严峻，国际救援从来都是杯水车薪，这些贫困人口所在国家和地区不发展，人们最基本的生存需求无法得到满足，指责发展带来的生态危机，相比这些贫困人口生存朝不保夕的境况来说，就有点"何不食肉糜"之嫌了。归根结底，人类发展中遇到的问题也唯有以发展的方式来解决，从技术上、科学革命上、生活方式与消费方式转变上，直至对生产方式、分配方式、资本的制约上寻求解决方案。浪漫主义的停滞发展，倒退到田园生活，显然只是头脑中的想象，无论从资本，还是从人类自身而言都是脱离现实的假设。

怀旧的浪漫主义情怀虽然耽于想象显得不切实际，但同样给这些危机提供了思想资源，田园牧歌式的生活本身体现出人与自然关系的和解的可能，虽然发展不会停滞，但是如何发展、为了谁发展、向何处发展，即发展的方式、手段、目的，这些是可以重新审视并矫正的。对于人而言，究竟什么是好生活，这也直接决定了人怎样生存。沉迷于物质欲望的满足橱窗式的展览获得关注与满足，这种被丰裕社会中巨量的商品淹没的生活是好生活吗？这显然与千百年来人认识自身、寻求生命意义的探索活动不相符。人是天生的政治动物，人是形而上学的动物，人是有意识的，人是一切社会关系的总和，等等，这一系列的回答中，理性、自由、意识是人区别于其他存在的特别之处；当然，近代唯物主义者也说过"人是机器"，意识不过是大脑的产物等。当代一些心理学家、分析哲学家沿着这个思路将人细分来研究意识与思想，人工智能会取代人类的观点也甚嚣尘上，但是人们始终坚持人的理性、自由、情感、伦理道德等的不可替代性。人类只有一个地球，在20世纪系统论、混沌理论以及巨大的生态危机威胁下，对于人与自然的关系该如何认识和理解，最终都要走向人与自然关系的和解，为了人类的永续存在与发展而努力。

生态主义的各个流派在这场努力中占有一席之地，但是所带来的现实变化有限，对现实的政治、经济、社会行动停留于辞藻之下，与当年马克思、恩格斯所批判的青年黑格尔派异曲同工，看似激进实则与现实始终有隔膜。现实的危机需要批判的武器与武器的批判协调一致，虽然各国达成一定的共识，但由于当代人的生存方式被物质主义价值观定格，无限膨胀的物欲蒙蔽了人的生存理性，现实困境，发展瓶颈，增长无极限与资源有限，资本逐利性驱使的欲壑难填，当下人与人之间、人与自然之间、人与自身的关系被现代文明中新的"神"所主宰——货币为典型表现形式的资本所表现出来的计算性关系笼罩着人以及人与人、人与自然，绿色理念中渗透了资本的要素禀赋，追寻如何更加合理高效地为资本逐利服务，自然、社会、人都是资本获利的手段，生活被资本定义，资本成为现代世界的基本原则。

因此之故，即使绿色发展理念获得高度共识，也难以落实为一致行动。因此，破除现有生存观念的限制，促进人的生存方式转型，是使绿色发展理念获得全面实践性转化的必要前提。这种理念与行动的失衡的根源，在《资本论》中，在马克思主义对资本主义的批判中被深刻揭露。资本逻辑伴随现代文明的发展，持续不断地以人和自然资源作为供养资本自身的养料，不断地以掠夺、破坏人类赖以生存的自然生态为代价实现资本的增殖。正如马克思在《资本论》中所说，"资本来到世间，从头到脚，每个毛孔都滴着血和肮脏的东西"[①]，"资本家害怕没有利润和利润太少，就像自然界害怕真空一样。一有适当的利润，资本家就会非常胆壮起来。只要有10%的利润，它就会到处被使用；有20%的利润，就会活泼起来；有50%的利润，就会积极冒险；有100%的利润，就敢践踏一切人间法律；有了300%的利润，就敢犯任何罪行，甚至不怕绞首的危险。如果动乱和纷争能带来利润，它就会鼓励动乱和纷争，走私和贩卖奴隶就是证据"[②]。西方绿色环保行动长期言胜于

[①] [德]马克思：《资本论》第1卷，人民出版社1953年版，第839页。
[②] [德]马克思：《资本论》第1卷，人民出版社1953年版，第839页，马克思引邓宁格《工会与罢工》第36页。

行,甚至成为一种意识形态,却始终未能触及根本,绿色环保人士,甚至国际机构在诸多能源环境危机中失语[①]。这使得我们有必要立足中国经验,重新定义绿色发展的内涵、机制与实践道路。

二、选题意义

工业革命以来,在资本主义生产方式与科学技术的作用下,人类对自然的改造获得巨大的胜利,带来了物欲无限膨胀,人与人之间、人与自然之间、人与自身的关系被货币表现出来的计算性关系笼罩,绿色行动中渗透了资本的要素禀赋,环保行动被转换为如何更加合理、经济、高效地为资本逐利服务,自然、社会、人都成为资本获利的手段,生活被资本定义,资本成为现代世界的基本原则。人的生存方式也随之被物质主义价值观定格。

人与自然之间陷入了前所未有的紧张状态,绿色发展成为人类永续发展的必然选择,但是在落实为具体实践行动中却经常被扭曲,仅仅从环境保护上着手,无法重塑人与自然的关系,理念与行动相悖的困境要求必须破除现有生存方式的内在逻辑即资本逻辑,如此才可能超越并克服资本原则带来的人的生存方式的异化,贯彻落实绿色发展理念,促进人的生存方式绿色变革,真正建构人与自然生命共同体。

(一)理论价值

本书从新的视角研究绿色发展理念,在生存论意义上拓展绿色发展的本质内涵,阐明实践中绿色发展战略实施的瓶颈及根源。这将为绿色发展的实践提供新的理论基础,为超越和克服工业文明导致的人的异化、实现人的自由全面发展提供新思路,为"人类命运共同体"的构建提供理论支撑,为丰富马克思主义人学与生态主义思想提供思想资源。

---

① 生态环境部:《生态环境部(国家核安全局)相关负责人就国际原子能机构发布日本福岛核污染水处置综合评估报告答记者问》,https://nnsa.mee.gov.cn/ywdt/gzdt/202307/t20230705_1035349.html,2023年7月5日。

（二）实际应用价值

本书有助于突破绿色发展战略的实施瓶颈，将绿色发展从理念转化为有效的行动策略；通过把握生存论意义上绿色发展理念的本质内涵，推动我国发展观的绿色转型与绿色生活方式的构建，并在制度设计、政策制定上为绿色发展理念的贯彻落实提供指导和建议。

第二节　国内外研究现状

绿色理念主导的生存方式研究，广义的可以追溯到古代中国和西方人与自然关系的探讨上，狭义的则限于工业革命以来大工业开启的现代世界，人类对自身、对自身所处世界的关切。本书的研究对象主要是后者。在中国古代和欧洲古代都有天人合一的时期，尽管各自秉持的理念有差异，但是人与自然之间自然而然的关系是主流。随着工业革命的到来，人与自然的分离与对立日益加剧，尤其是近代文艺复兴与启蒙运动浪潮下，人的理性能力被放大到前所未有的程度，自然对人而言是异己的、有待于征服的对象。人在认识和改造自然的过程中，通过掠夺自然去不断丰富自身，以确证自己的存在。这是一种对自然竭泽而渔、杀鸡取卵的利用方式，人似乎从自然中攫取的内容越来越多，然而自然本身却越来越向着适宜人的存在去衍化。自然就其自身而言，无论如何变化都是自然，没有好坏与进退之分。但是对人来说，人得以产生和存续的自然生态条件是特定且有限的。人是特定自然条件发展而来的，就如同地球史上恐龙的产生与繁盛是自然的结果，而当特定的自然条件消失，恐龙也就消失了。虽然人类可以改造自然使其适宜于人的生存，但是工业革命之后到今天，人类的活动使得适合于人生存的自然条件不断恶化，技术的发展给现代社会带来的舒适便捷只是被部分人所享受，而技术带来的自然条件的恶化却是全球共同承担，大规模杀伤性武器瞬间可以给人类带来灭顶之灾，但人类却乐此不疲。

理论是对实践的理性表达，本书所提的绿色发展，是在工业、技术、资本三者共同发展中所具有的发展悖论背景下的新发展理念，这一理念旨在促进人与自然的和谐共生，我们必须对自身存在的条件重新审视，探究如何在发展中促进适宜人类存续的条件，维持并改善。在文献梳理方面，国外部分着重点在启蒙运动和第一次工业革命以来的近现代世界；国内部分，选取中华人民共和国成立迄今为止，国内理论界对中国自身工业化、现代化、城市化实践的反思进行解读。

　　大体上，以绿色理念为导向的生存方式研究散见于哲学、经济学、伦理学、社会学等多个学科，基于本文的研究对象，以下将从经济发展、生态主义思想、生活方式三个方面展开研究现状的分析。

一、绿色发展研究现状

（一）绿色经济发展国内外研究现状

　　从国外看，(1)启蒙运动时期：17世纪末开始，古典经济学家已经关注到环境容量与经济增长的关系问题，如威廉·配第（1662）[①]、马尔萨斯（1798）[②]等，萌发经济增长、人口财富等必须与自然环境保持相对和谐稳定的意识，同时在人与自然的关系研究中，自然作为财富增长的要素（即生产要素的意识）初露峥嵘。古典政治经济学家亚当·斯密在《国富论》中提出了将劳动、资本和土地作为商品价格的三个基本部分。在研究财富怎样增加的理论中，自然正式成为生产要素，也即在经济学领域中，自然完成了工具性存在的转变。

　　(2)进入20世纪以后，经过数次工业革命，生产力疾速发展带来了社会财富急剧增长，尤其是欧美主要发达资本主义国家依靠先发优势，率先进入丰裕社会，与此同时，经济增长带来的生态环境问题进入了大众视野。《寂

[①] [英]威廉·配第：《赋税论》，晏智杰译，华夏出版社2006年版。
[②] [英]马尔萨斯：《人口原理》，朱泱等译，商务印书馆1992年版。

静的春天》(1962)①出版,环境问题触发公众的思考,引起热议。20世纪60年代,罗马俱乐部学派成立,出版《增长的极限》(1972),对生态问题和发展问题进行量化研究后指出,环境问题应该成为"全球性问题";以梅多斯为代表的"增长极限论"②认为人类的生产消耗的不可再生资源以及对环境所造成的负担在指数级增长,继续这样无限制地发展下去,将超出地球的承载能力,这种不可持续的发展必须被限制。罗马俱乐部发布的这一第一份研究报告相比《寂静的春天》而言,以其翔实的数据与理论模型更具有说服力与可靠性,生态环境问题就此在全球引起了广泛的关注。早期的绿色思潮提醒人类,经济发展不是唯一的发展指标,追求数字不断攀升的经济增长与社会发展是不等同的,社会发展是全面的,单纯的经济发展并不能解决发展问题,必须以综合协调、系统思维方式看待发展问题,使经济的、社会的、文化的、环境的等多方面因素综合共同发展。

(3)20世纪后半叶到21世纪,追求经济发展与生态保护并进的绿色经济提出的可持续发展逐渐成为全球共识。"绿色经济"最早可以追溯到英国经济学家提出的绿色GDP思想;"绿色经济"的首次描述出现在英国经济学家皮尔斯的《绿色经济的蓝皮书》(1989)③中,皮尔斯在这个报告中提出将环境融入资本的投资中,以解决增长和环境之间的矛盾④。随着绿色经济、循环经济(1966,美国经济学家博尔丁提出)、低碳经济(2003,英国政府首提)的提出⑤,工业生态化的实践在全世界范围推进。在21世纪,绿色发展的提倡者更加注重根源性问题,主张将人与自然、社会融为一个整体,全面深刻解决问题,代表性观点如下:联合国环境规划署(2010)将其定义为低碳、资

---

① [美]蕾切尔·卡逊:《寂静的春天》,吕瑞兰、李长生译,吉林人民出版社1997年版。
② [美]丹尼斯·梅多斯、[美]乔根·兰德斯等:《增长的极限》,于树生译,上海译文出版社2014年版,第297页。
③ [英]大卫·皮尔斯:《绿色经济的蓝图——绿化世界经济》,何晓军译,北京师范大学出版社1996年版。
④ 盛馥来、诸大建:《绿色经济——联合国视野中的理论、方法与案例》,中国财政经济出版社2015年版,第15页。
⑤ 胡岳岷、刘甲库:《绿色发展转型:文献检视与理论辨析》,《当代经济研究》2013年第6期。

源有效利用和社会包容[①];蒂姆·杰克逊和彼得·维克多(2011)[②]认为应引入生态要素,米里亚姆·肯尼特认为应将生态环境作为内生变量引入经济学模型(2007)[③]。这一时期,伴随着绿色经济的工业生态化实践侧重于讨论如何防止环境污染,进行技术更新和产业结构调整,依靠清洁技术实现资源的回收利用,将可再生资源作为新资源引入经济,从而实现生态上健全的工业发展,凸显了既要经济增长又要兼顾自然生态环境与能源的约束,在实践中表现为绿色资本主义,将生态环境要素转化为资本生产要素,其实际效果是逐渐实现制造业向发展中国家,向人力资源、环境压力相对较小的地区转移,局部地区的生态环境获得休养生息的机会,但是承接制造业的地区出现环境污染与能源危机。

从国内看,中华人民共和国成立到改革开放,是我国集中力量进行工业化的初级阶段,建立起了比较齐备的工业体系。这一时期,人与自然的关系中,传统的天人合一、与自然共生的生态自然观同工业化进程中工具化自然的观念不断发生碰撞,人与自然的关系,从自然而然的朴素和谐关系,逐步走向紧张与分离。而在绿水青山就是金山银山的绿色发展转型中,迎来了人与自然和谐共生的新时代生态自然观。靠山吃山靠水吃水的掠夺式发展,回归青山绿水美丽中国建设。东北林区从"砍伐"到"森林管护"的演变过程,见证了中华人民共和国成立以来自然观的辩证发展历程。2014年4月1日,国家实施国有林全面停止商业性采伐的政策。东北林区长达五十余年的采伐生产结束,同时迎来了森林生态恢复发展期,伐木人变成了护林人。

中国绿色发展研究伴随着中国的经济建设发展。近代中国救亡图存

---

① 联合国开发计划署(中国):《2013年中国人类发展报告:可持续与宜居城市——迈向生态文明》,北京,2013年。

② Tim Jackson, Peter Victor, "Productivity and Work in the 'Green Economy': Some Theoretical Reflections and Empirical Tests", *Environmental Innovation and Societal Transitions*, Vol.1, No.1, 2011.

③ Miriam Kennet, "Green Economics: Setting the Scene. Aims, Context, and Philosophical Underpinning of the Distinctive New Solutions Offered by Green Economics", *International Journal of Green Economics*, Vol.1, No.1, 2006.

之际的主要任务在于争取民族独立和人民解放。建设问题,尤其是经济发展问题,在中华人民共和国成立之后成为主要任务。基于中国传统文化中"天人合一""道法自然"等朴素的生态自然观,自然环境与经济建设、社会发展之间关系的讨论,随之进入实践与理论视野。

(1)20世纪80—90年代,随着我国工业化发展及环境问题凸显,政府和学界开始正视环境问题并进行相关研究,生态平衡、环境问题与人类生存发展的关系受到关注,以徐凤翔[1]、郭英[2]、刘先银[3]等为代表。

(2)进入21世纪,随着可持续发展、低碳经济、循环经济等理念的引入,绿色发展在党的十八届五中全会从发展观高度受到重视。学界对绿色发展的内涵、必然性、可行性等进行了大量研究,代表性人物有胡鞍钢(2014)[4]、诸大建(2012)[5],这些学者对低碳经济的发展模式、发展方向、发展方法作了大量探索。碳中和技术、节能减排等实现绿色发展,这一阶段国内的绿色发展相关研究探索,随着改革开放以来中国的经济社会巨大发展逐渐与国外同步,吸收国外经验教训的同时开始探索中国的绿色道路,潘家华(2005)[6]等学者对后京都国际气候协定的谈判趋势与对策思考的研究,为中国在工业化、城市化进程中如何面对风险与约束,保障中国的可持续发展提供了有益的探索。

(3)近年,习近平生态文明思想、"两山"理论、美丽中国、五大发展理念,以及人类命运共同体等立足中国特色社会主义建设提出的绿色发展思想,在中国乃至全球步入了引领之态势。从实践上看,中国的绿色生态实践卓有成效,中国森林覆盖率从20世纪八九十年代的13%跃升到23%,中国土

---

[1] 徐凤翔:《浅谈"生态平衡"与生态协调》,《南京林业大学学报(自然科学版)》1984年第2期。
[2] 郭英:《试论保持"生态平衡"》,《北京师范大学学报(自然科学版)》1985年第2期。
[3] 刘先银:《生态平衡与人类生存发展》,《国土绿化》1996年第5期。
[4] 胡鞍钢:《绿色发展:功能界定、机制分析与发展战略》,《中国人口·资源与环境》2014年第1期。
[5] 诸大建:《从"里约+20"看绿色经济新理念和新趋势》,《中国人口·资源与环境》2012年第9期。
[6] 潘家华:《后京都国际气候协定的谈判趋势与对策思考》,《气候变化研究进展》2015年第1期。

地沙漠化治理成为全球绿色行动中的灿烂一笔;当然,快速的工业化、城市化进程也同样带来诸多环境问题,中国在气候治理中展现出大国担当,积极参与全球气候大会并发挥作用,签订《京都议定书》《巴黎协定》,2020年9月中国明确提出在2030年碳达峰、2060年碳中和目标。第75届联合国大会上,习近平总书记在一般性辩论发言中指出,"人类需要一场自我革命,加快形成绿色发展方式和生活方式,建设生态文明和美丽地球。人类不能再忽视大自然一次又一次的警告,沿着只讲索取不讲投入、只讲发展不讲保护、只讲利用不讲修复的老路走下去。应对气候变化《巴黎协定》代表了全球绿色低碳转型的大方向,是保护地球家园需要采取的最低限度行动,各国必须迈出决定性步伐。"[1]

这一时期,绿色发展与经济学、马克思主义政治经济学、国际问题研究相结合有了深入发展,研究者来自人文社科、自然科学、国际关系问题等领域,主要表现在:胡鞍钢(2017)[2]聚焦后工业时代创新发展;诸大建(2017)[3]等学者聚焦低碳经济、循环经济核心特征及实践研究,从生态足迹、生态资本等角度研究绿色经济的效率、规模、公平与创新等问题;高红贵、刘忠超(2013)[4]和蓝庆新、韩晶(2012)[5]等研究绿色经济、国外循环经济发展的经验与现实,研究绿色经济作为新的经济形态的特征、工业绿色转型问题;杨元华(2010)[6]、赵文博(2011)[7]等分析了能源绿色转型等问题;卢风(2014)[8]、兰洋(2016)[9]等研究者从绿色发展理念、生态文明的哲学基础进行探索;孔锋(2019)[10]、

---

[1] 习近平:《在第75届联合国大会一般性辩论上的讲话》,《中华人民共和国国务院公报》2020年第28期,第5—7页。
[2] 胡鞍钢:《中国进入后工业化时代》,《北京交通大学学报》2017年第1期。
[3] 诸大建:《最近10年国外循环经济进展及对中国深化发展的启示》,《中国人口·资源与环境》2017年第8期。
[4] 高红贵、刘忠超:《中国绿色经济发展模式构建研究》,《科技进步与对策》2013年第24期。
[5] 蓝庆新、韩晶:《中国工业绿色转型战略研究》,《经济体制改革》2012年第1期。
[6] 杨元华:《通往绿色经济之路:低碳化和新能源》,《电网与清洁能源》2010年第4期。
[7] 赵文博:《新能源推动绿色循环经济发展》,《经济》2011年第8期。
[8] 卢风:《关于生态文明与生态哲学的思考》,《内蒙古社会科学(汉文版)》2014年第3期。
[9] 兰洋:《绿色发展理念的哲学基础与多维审视》,《学习与实践》2016年第5期。
[10] 孔锋:《新时代国家发展战略下中国应对气候变化的透视》,《北京师范大学学报(自然科学版)》2019年第3期。

杨博文(2023)[①]等对中国在全球气候治理中,如何应对全球气候变化进行了研究。中国的"人类命运共同体"载入联合国决议,在全球气候治理中提出了中国方案,全球气候治理中中国更加主动。周国梅(2021)[②]等研究者则从"一带一路"视角研究中国绿色发展对全球的贡献,指出中国智慧与中国方案在"一带一路"的建设中走向全球、融入全球环境治理体系。总体来说,这一时期绿色发展理念从基础理论探索到现实的实践路径研究有了深入广泛的推进,中国绿色发展理念与实践路径、中国智慧和中国方案,在人类命运共同体、合作共赢理念下逐渐走向国际社会并得到认同与响应。

(二) 生态主义国内外研究现状

从国外看,(1)生态伦理学:包括人类中心主义与非人类中心主义有关研究。传统人类中心主义(以康德等启蒙思想家为代表)认为自然是为了人类的福利而被创造出来的,现代人类中心主义(以墨迪、帕斯莫尔和麦克洛基、诺顿等为代表)对自然环境有一定重视,以确保人的良好生存和发展为目的。非人类中心主义主要有:动物解放主义(辛格[③]等)、动物权利主义(雷根[④]等)、生物中心主义(施韦泽[⑤]等)、深生态学(福克斯[⑥]等)、自然价值论生态伦理学(罗尔斯顿[⑦]等)。非人类中心主义认为人的利益是生态问题的根源,要承认自然自身为尺度的价值即内在价值。(2)马克思主义生态思想研究:以卢卡奇、法兰克福学派为代表,突出了马克思人化自然观的社会

[①] 杨博文:《〈巴黎协定〉后全球气候多边进程的国际规则变迁及中国策略》,《上海对外经贸大学学报》2023年9月,第30卷第5期。
[②] 周国梅:《"一带一路"绿色发展的中国贡献》,《当代中国与世界》2021年第3期。
[③] Peter Singer, "Utilitarianism and Vegetarianism", *Philosophy and Public Affairs*, Vol.9, No.4, 1980.
[④] Tom Regan, *Animal Rights Human Wrongs: An Introduction to Moral Philosophy*, Lanham: Rowman & Littlefield Publishers, 2003.
[⑤] [法]阿尔贝特·施韦泽:《敬畏生命——五十年来的基本论述》,陈泽环译,上海社会科学院出版社2003年版。
[⑥] Michael W. Fox, Linda D. Mickley, *Advances in Animal Welfare Science, 1984*, Dordrecht: Martinus Nijhoff Publishers, 1985.
[⑦] [美]霍尔姆斯·罗尔斯顿:《环境伦理学》,杨通进译,中国社会科学出版社2000年版。

历史特征,离开了资本主义的生产方式解释人与自然的关系;东欧剧变后,生态社会主义蓬勃发展并后来居上。生态社会主义围绕资本主义生产方式与生态危机的内在联系展开对资本主义的激烈批判,这种批判认定资本主义社会的危机本质上是生态危机,危机的根源则是资本主义生产方式。如佩珀[1]、奥康纳[2]等围绕"可持续性发展的资本主义是否可能"进行了分析。高兹作为现当代生态社会主义代表人物,在其著作《作为政治学的生态学》[3]中以政治生态学的观点分析资本主义社会面临的生态问题,其认为,资本主义的利润动机对生态环境的破坏是必然的,资本主义的"生产逻辑"下是无法解决生态问题的。他随后出版的《资本主义、社会主义与生态保护》[4]一书中进一步阐发了资本主义、社会主义与生态保护之间的关系,认为对于资本主义而言经济理性是其根本原则,这一原则与生态理性是对立的。在经济理性的原则下,生态保护就只是空谈,生态理性的践行必须超越并克服资本主义的剩余价值创造机制即利润动机,也就是说,生态理性的践行意味着社会主义生产方式替代资本主义生产方式,这便是社会主义生态方式之合理性所在,即生态理性的存在本身即要求社会主义的生态方式。

生态社会主义者们借用马克思异化等思想分析指出资本主义制度是生态危机根源,但是这种批判始终停留于理论批判层面,并且其本身对马克思主义思想的理解有偏差,使得他们的分析批判缺乏彻底性。

从国内看,(1)生态伦理学:改革开放以来,生态伦理学被翻译和引入国内,受西方研究范式和中国传统生态观影响,大多以弱人类中心主义为主,以余谋昌(2009)[5]、曹孟勤(2004)[6]等为代表,主要围绕人与自然的伦理道德关系、自然价值及共同体范围进行争论研究,庄穆、王丹等主张从人性

---

[1] [英]戴维·佩珀:《生态社会主义:从深生态学到社会正义》,山东大学出版社2005年版。
[2] [美]詹姆斯·奥康纳:《自然的理由:生态马克思主义研究》,唐正东译,南京大学出版社2003年版。
[3] Andre Gorz, *Ecology As Politics*, Boston: South End Press, 1980.
[4] Andre Gorz, *Capitalism, Socialism Ecology*, London and New York: Verso, 1994.
[5] 余谋昌:《从生态伦理到生态文明》,《马克思主义与现实》2009年第2期。
[6] 曹孟勤:《人未到场的生态伦理学研究》,《伦理学研究》2004年第5期。

角度探讨划界环境问题。(2)伴随工业化、现代化进程的快速发展,国内生态文明、生态哲学的研究逐渐繁荣起来,尤其马克思生态主义思想研究兴盛起来。从"生态人"概念出发,追求合乎"生态人"的发展理念,以顾智明(2004)[1]、李承宗(2006)[2]、任铃(2013)[3]、熊小青(2013)[4]等学者为代表;立足马克思主义实践的对象性活动、人与自然的辩证关系等生态思想,对资本主义现当代发展做马克思主义的批判性研究,探索生态文明的本质与价值志向,比如吴晓明(2010)[5]、陈学明(2012)[6]、庄友刚(2012)[7]、王雨辰(2020)[8]等学者的研究从历史唯物主义视角对资本的历史本性进行了批判,既承认其进步性,也指出其狭隘性所带来的种种危机尤其是生态危机,为本书拓展了绿色发展与人学结合的维度,为从生存方式上实现绿色发展理念到行动书转换提供了启迪的思想方法与资源。近年,陈学明(2022)[9]、王雨辰(2022)[10]等学者立足中国特色社会主义建设的经济与生态实践经验,从理论上进行研究与探讨,为全球生态文明治理贡献中国智慧,提出中国方案。

二、生存方式研究现状

生存方式,简言之人如何生存在这世界中,大致上是对人的物质生活条件与精神样式进行审慎的思考。通常的理解,人的生活方式、生产方式都是生存方式有关研究的对象,同时,人在自己的生存、生命活动中所生成的社会化的

---

[1] 顾智明:《论"生态人"之维——对人类新文明的一种解读》,《社会科学》2004年第1期。
[2] 李承宗:《从价值论看"生态人"的合法性》,《自然辩证法研究》2006年第9期。
[3] 任铃:《生态人:生态文明建设的主体依托——基于马克思主义整体性思想和方法的思考》,《南京政治学院学报》2013年第3期。
[4] 熊小青:《马克思物质变换理论的生态人学内涵探析》,《鄱阳湖学刊》2013年第5期。
[5] 吴晓明:《马克思主义哲学与当代生态思想》,《马克思主义与现实》2010年第6期。
[6] 陈学明:《资本逻辑与生态危机》,《中国社会科学》2012年第11期。
[7] 庄友刚:《资本的空间逻辑及其意识形态神话》,《社会科学辑刊》2012年第1期。
[8] 王雨辰:《论生态文明的本质与价值归宿》,《东岳论丛》2020年第8期。
[9] 陈学明:《中国的生态文明建设会创造一种人类文明新形态》,《江西师范大学学报(哲学社会科学版)》2022年第1期。
[10] 王雨辰、彭奕为:《十八大以来党领导生态文明建设的理论创新和实践创新及其当代价值》,《兰州大学学报(社会科学版)》2022年第2期。

人、自然的人、现实的人如何去理解,人在生命活动实施中与自然的关系、与自身的关系、与社会的关系如何去理解,等等,都是生存方式所关注的问题。

关于国外生存方式研究,从理论上看,20世纪的两次世界大战给西方文化界带来深刻变化。20世纪哲学上的生存论转向与语言转向,使日常生活世界成为思想家们目光所在,胡塞尔现象学、海德格尔现象学存在主义、萨特存在主义、伽达默尔等欧陆哲学聚焦一般存在、人的存在及其意义,弗洛姆、马尔库塞、阿尔都塞、阿多诺、卢卡奇等在与马克思主义的对话中,以或肯定或否定的方式展开对人生存论意义上精神样式的探索。总体来看,西方文化思想领域在20世纪尤其是两次世界大战之后,人的感性生活世界、非理性精神被发现,尼采、叔本华等在新的世纪大放异彩,但是林林总总的探索,从现代到后现代,到西方马克思主义,如法兰克福学派等与马克思主义有交集的学派,对文化的、环境的、性别的、政治的、社会的、心理学的等各个方面的批判不一而足。

第一次世界大战之前,德国社会学家韦伯在其著作《阶级、地位与权力》中,从阶级、社会地位、权力与生活方式的关系中理解"生活方式"的内涵与意义,同时将消费研究的视角纳入生活方式研究,为生活方式的研究拓展了更宽阔的视域。[①]《有闲阶级论》的作者,美国社会学家凡勃伦将美国上层社会的生活方式作为自己的主要研究对象,对这一阶级的有闲与消费的生活方式作为一种阶级地位、尊荣的标志进行研究,给整个社会的生活方式带来了影响。[②]韦伯和凡勃伦从生活方式的研究中解释阶级、群体的差别,折射出人的生存方式研究在生存论意义上而言体现了社会化的人与自然的人、真实的个人的同构关系。

第一次世界大战之后,《时尚的哲学》作者,20世纪初的德国社会学家西美尔提出"时尚是阶级分野的产物"[③];法兰克福学派弗洛姆在其《马克

[①] [德]马克斯·韦伯:《阶级、地位与权力》,载[美]丹尼斯·吉尔伯特、[美]约瑟夫·A.卡尔:《美国阶级结构》,彭华民、齐善鸿译,中国社会科学出版社1992年版,第13页。

[②] [美]索尔斯坦·凡勃伦:《有闲阶级论》,赵伯英译,陕西人民出版社2011年版,第38页。

[③] [德]格奥尔格·西美尔:《时尚的哲学》,费勇等译,北京文化艺术出版社2002年版,第72页。

思关于人的概念》《健全的社会》等著作中,借助马克思主义理论,尤其是《1844年经济学哲学手稿》中关于人的本质、异化劳动的理论,提出"人们对他们的生活方式越来越感到不满和失望,想方设法地换回一些失去的自我和创造性"[①]。弗洛姆在马克思关于异化劳动理论的基础上,批判资本主义生产方式下,不仅人们的生产活动领域被资本逻辑支配,人们在生产劳动之余的生活领域同样被资源原则所笼罩,进而提出了消费异化。

第二次世界大战结束后,生活方式、生存方式研究在世界范围内成为热门议题。法国思想家鲍德里亚的"消费社会理论"从符号学与消费社会研究开始,揭露丰裕社会中人的生存方式的符号化、抽象化,消费成为新的部落神话。"幸好,我们是以一种必需的幻觉方式、一种不在场的方式、一种非现实的和一种与事物非直接的方式生活。"[②]"作为封闭的日常生活……它的宁静需要永久性地被消费暴力来维系","命运的、激情的和命定性的符号,只有在有所防御的区域周围大量地涌现,才能使得日常性重新获得伟大与崇高,而实际上日常性恰恰是其反面"[③],列斐伏尔对"日常生活"进行批判性研究,主张通过"主观革命的道路变革现存的生活方式,变革现存的日常生活中的礼仪习俗、价值观念和思想意识,从而实现人的解放"[④]。

综上所述,19到20世纪,西方社会在工业革命、科学技术、资本的催化下,工业化、现代化进程不断加速,两次世界大战的洗礼,将现实生活中的乐观与理性精神逐步瓦解,使之走向消费主义盛宴,这一转变在哲学、社会学、艺术等精神思想领域当中同时得到体现。20世纪的思想家胡塞尔、海德格尔、福柯、德里达等闻名遐迩,不逊色于前时代的黑格尔、康德、休谟、笛卡儿等思想家,理论洞见不可谓不深刻,思想不可谓不深邃,语言分析哲学家们从维特根斯坦到英美分析哲学,科学哲学家如石里克、卡尔·波普尔等逻辑不可谓不精致严谨。这些思想家从哲学、社会学、科学哲学、文化艺术等方

---

① [美]埃里希·弗洛姆:《健全的社会》,蒋重跃译,国际文化出版公司2007年版,第174页。
② [法]让·鲍德里亚:《完美的罪行》,王为民译,商务印书馆2002年版,第11页。
③ [法]让·鲍德里亚:《消费社会》,刘成富、全志钢译,南京大学出版社2006年版,第12页。
④ 吴宁:《日常生活批判——列斐伏尔哲学思想研究》,人民出版社2007年版,第156页。

面对现代文明的支架——现代科技及其哲学基础现代形而上学、资本给予了犀利的批判,不可谓不彻底。

哲学是思想中把握的时代精神,这些思想家对时代精神的把握与领会皆有独到精深之处。然而,虚无主义似乎只是在现实以及对于现实的理论表达中,更加地表现出自身的丰富性。在2019年末开始至今的新冠疫情下,西方社会的普通人、政府、社会自组织,以及政治、文化等领域的精英们所表现出的无政府主义、虚无主义、缺乏社会共识的社会撕裂更加突出,而这种社会撕裂也看不出寻求自行解决的努力,采用延续自资本主义产生发展之初的方式即转嫁矛盾,转移注意力,在社会内部设置各种议题,种族的、性别的、环保的等议题将真正的矛盾掩盖,在海外挑起纷争与冲突,设法攫取更多利益缓和社会内部矛盾,局部的战争与冲突不断。在技术与生产力高度发达的21世纪,人类的生存状况面临更加巨大的危机,核泄漏危机,气候变化带来的危机,生物多样性危机,战争与毒品、人口贩卖等带来的人道主义危机,饥饿与贫困等仍然困扰着全球近半数人口,仅仅是理论的批判不能为现实带来改变。环保主义者过着高碳排放、高能耗、高污染的高品质生活,为援助贫困地区的人道主义支援往往附加政治条件,结果带来了更多的动荡与流离失所。正如出自《关于费尔巴哈的提纲》、刻在马克思墓碑上的一句话所说,"哲学家们只是用不同的方式解释世界,而问题在于改变世界"[①]。批判的武器不能代替武器的批判,彻底的理论武装起能够承担改变世界的人,才能实现对世界的现实的改变。

西方社会理论与现实生活世界的脱节,似乎总让人联想到网络流行语"道理懂得很多,却依然过不好这一生"。资本、科技、市场、合法的政府、自由理性等所架构起的现代生活世界,把脉诊断的良医众多,病灶也不断被挖掘出来,条分缕析,头头是道。疫情期间许多西方当代思想家发声,但是疫情防控从普通人到政府仍然是乱象纷呈,唯一的共识是没有共识,凭借自然法则的优胜劣汰,死生有命物竞天择,人的理性、自由让位于自然法则。

[①] 《马克思恩格斯选集》第1卷,人民出版社2012年版,第140页。

相比较而言,中国的研究在理论上从原来对西方的亦步亦趋转向开始发出自己的声音,根据中国的生命样式、生命经验为世界提供中国智慧、中国方案。人们现实的生命过程,便是在生命活动的施行中,为自己的将来开辟出道路。中国从现代化、工业化中汲取西方文化的精粹,同时从自己的民族传承中挖掘继承发扬新的精神样式,不是简单的、机械的加总,而是要重新创造,这样的过程注定是史诗级的,是崎岖蜿蜒也是辉煌璀璨的,是民族的也是世界的。歌德说,理论是灰色的,生命之树长青。中国特色社会主义建设经验的理论总结追赶着现实的实践,我们对中国经验的理论性解释还有待完成,新的民族精神样式在生成丰富中,把握时代精神的思想在发展中。

国内对生存方式的研究,既关注哲学的生存论转向,同时,对鲜活的现实生活世界的关注也是学者们的理论志趣所在。《探索与争鸣》2017年针对"佛系"这一网络热词凸显的中国社会现象及其背后的问题发起了一场圆桌会议,众多学者对当代青年们的都市亚文化与现代社会的个体主义、消费主义、工具理性等是否有思想上的关联,进行了一系列分析,以从中把握中国社会结构变化与人的生存方式变革的关联。学者汪行福(2017)[①]认为西方社会共识阶梯式形成的犬儒主义心态普遍流行,社会缺乏一种坚实的根基,对事实的判断以个人主观好恶为根据;西方的现实给予中国的影响与借鉴意义值得深思。学者王金林(2018)[②]认为佛系青年以"低欲望、低需求、低消费"的姿态,主动或者被动地拒绝"消费主义",虽然呈现出一种消极被动的"反消费症候",但是对于消费主义的基本逻辑仍然有所消解,具有转化为消费主义解毒剂的可能性。这一研究方式体现出中国学者秉承的传统,即大道不离日用伦常,体现出现实关怀与理论志趣的结合。

中国在现代化进程中面临的问题既有现代性的固有顽疾,也有中国自身文化与社会变革所带来的矛盾冲突,学者们的研究对于这些问题的症结

[①] 汪行福:《"后真相"本质上是后共识》,《探索与争鸣》2017年第4期。
[②] 王金林:《佛系:反消费症候或内置式出走》,《探索与争鸣》2018年第4期。

与解决也进行了探索。

就生活方式目标路径展开研究。如康渝生(2016)[1]阐述共同体的本质变化与真正共同体的生成逻辑,为克服人的本质的异化,实现人的自由与全面发展提供了实践路径。

就生存方式的实然与应然进行探索。如吕翠微(2013)[2]以马克思关于人与社会关系的社会形态论中"以物的依赖性为基础的人的独立性"为理论工具,分析人的生存方式在现代科技文明、市场经济、大众文化的作用下持续的异化状态,探索人自由全面和谐发展的道路。杨振闻(2013)[3]和杨宏祥、庞立生(2017)[4]等对生存方式进行哲学批判与概念厘定,汲取现代西方哲学生存论转向的思想资源,借助马克思、海德格尔、尼采等思想家的人与自然、人与社会、人与人自身之间关系的生存论意义,解读现实的人的生活过程的实然与应然。

总体来说,学界对绿色经济发展与生态主义思想进行了多方面、多角度的研究,开启了哲学社会科学服务于生态文明建设的新路向。但是,现有研究在转变生存理念,践行绿色发展上有待加强:一是应注重现实探察与理性思辨相结合的研究。注重绿色发展战略实践的现状与瓶颈研究,在此基础上从人的本质生成活动中厘清绿色发展的本质内涵。二是应注重问题分析与应对策略相结合的研究。在把握绿色发展的生存论意义基础上,针对制约绿色发展的瓶颈提出具体行动策略。三是注重史论结合。学界对绿色发展与生态文明建设的探讨在实践上落实为环境保护行动,当下发展模式的绿色转变仍然任重道远。本书将聚焦当下,以绿色发展理念为导向,阐明当下人的生存方式"是什么""为什么""向何处去",从中把握绿色发展理

---

[1] 康渝生:《批判与生成:马克思"真正的共同体"思想的双重致思逻辑》,《吉林师范大学学报(人文社会科学版)》2016年第3期。
[2] 吕翠微:《辩证法的和谐诉求与当代人的生存方式》,《中国特色社会主义研究》2013年第6期。
[3] 杨振闻:《生存方式的哲学界定》,《吉首大学学报(社会科学版)》2013年第2期。
[4] 杨宏祥、庞立生:《人的生存方式的现代性批判——基于马克思、尼采、海德格尔》,《延边大学学报(社会科学版)》2017年第3期。

念的生存论意义,探索克服人类生存方式异化的实践路径,提出贯彻落实绿色发展理念的行动策略。

第三节 研究方法与思路

一、研究思路

(一) 研究方法

首先,以问题为导向,结合对现实的理性观察,运用理论联系实际、历史与逻辑相统一、史论结合等具体方法,剖析绿色发展理念提出的背景、制约绿色发展从理念转化为行动的瓶颈。

其次,以唯物主义辩证法和唯物史观为世界观和方法论,揭示制约绿色发展的瓶颈之根源:现代形而上学与资本统摄的人的生存方式的异化,继而阐明异化之根源。

再次,通过文献研究、理性思辨、历史与逻辑相统一等方法,厘清生存论意义上绿色发展理念的本质内涵。

最后,基于绿色发展理念提出克服人的生存异化的实践路径和行动策略。

(二) 研究目标

第一,基于生存论意义阐释绿色发展理念,从人的生产性存在和消费性存在两个维度,重新考察当下人类的生存方式,揭示其异化的根源。

第二,从绿色发展理念视角阐明当下人的生存方式"是什么""为什么""向何处去",从中把握绿色发展的生存论意义,探索克服人类生存方式异化的实践路径。

第三,探讨如何在中国特色社会主义实践中推进人类生产和消费的绿色转变,提出贯彻落实绿色发展观的有效行动策略。

（三）研究对象

本书以绿色发展视域下人的生存方式转变为研究对象,基于绿色发展理念研究人的生存方式,将绿色发展理念嵌入人的本质复归之中,从而把握绿色发展的生存论意义,促进绿色发展从理念到行动的转向。

二、总体框架

本书围绕绿色发展视域下当代人的生存、生成中遭遇的问题及其表现形式、成因、出路等方面逐层推进,章节安排包括导论、结语在内合计六个部分,具体内容如下:

（一）导论

本部分作为先导,主要围绕以下几个方面展开:选题依据、选题意义;相关问题研究的历史与前沿进展;研究方法与研究思路,包括全书总体结构安排,每章主要涉及的问题与思路;研究的重点、难点以及不足等。

（二）问题揭示:绿色发展视域下人的生存方式瓶颈分析

绿色发展视角下制约人的生存与发展的主要瓶颈有:第一,资源环境与庞大人口规模、发展模式、发展规模、发展赶超阶段的矛盾;第二,技术约束;第三,发达国家高能耗、高排放的现代生活方式示范效应;第四,制度短板,发展的时空压缩,使得国家治理和制度设计滞后于发展本身。

通过对国内外绿色发展的哲学基础和实践路径的梳理和分析发现,绿色发展理念到行动转变的尴尬在于:没有从理论和实践上真正破解技术理性的工具思维方式,无法超脱现代形而上学与资本逻辑的桎梏。

（三）哲学批判:现代人生存方式特性及根源的批判性反思

借鉴马克思主义理论、哲学、社会学、经济学等学科对当代生产之生产性批判,从绿色发展视角,阐释经济性存在与技术性存在的特征、问题及其根源,为克服人的生存方式的异化即生存与发展之矛盾奠定现实可能性。

首先,基于绿色发展理念,以历史唯物主义为指导,阐明人的生存方式之经济性存在与技术性存在的异化,集中体现资本与现代科学技术的媾和下,人的生存被嵌置在资本主义生产体系中,表现为生产与消费的极度理性计算与对自然的非理性的需索。

其次,揭示人的本质生成中内在的需要与生产之间的一致性,异化为需求与生产建构起的生产的生产性的内在逻辑:人与自然在异化的生产中失去自身的存在意义,沦为生产性生产的工具手段,在现实中表现为,生产激发出人的欲望需求的无限性与有限的自然环境资源的索求之间的矛盾,人的生产异化为资本增殖的生产、对进步强制与增长的无限追求、借助科学技术的生产化征伐自然,破坏了人的生存的自然条件,导致了人的生存与发展成为二者不可得兼的尴尬局面。

再次,以历史唯物主义与绿色发展理念为基本分析框架,剖析物质与资本"共谋"的内在逻辑:生产之生产性在于人的生产成为服务于资本增殖的生产,借助技术理性,人被嵌置在生产体系中,因此之故,人的需要经过生产体系的中介,转变为实际上的生产的结果即需求,人的消费转变为对人的消费,成就了生产在更大范围的支配性。这当中转变的关键在于:特定历史条件即现代形而上学、资本与科学技术的媾和形成的以抽象的交换价值而非使用价值、以满足资本增殖而非人为目的的生产的生产性转变。

(四)厘清内涵:以绿色发展理念把握人的生存方式的意涵

前文理性审视了绿色发展战略难以贯彻落实的根源:生产与消费的尺度的非人化。可计算性消弭意义,使得人成为单向度的人,在生活世界体现为狭隘而片面的消费和生产的形式。本章从新时代绿色发展理念的形成发展以及对绿色生存方式的启示展开:

首先,阐明绿色发展理念的提出植根于中国特色社会主义实践、致力于解决生存与发展之间的矛盾,资本主义生产体系中片面、单向度发展的人在社会主义生产体系中成为现实的个人,人的生存发展本身成为生产的目的,人生存发展的真实需要、对美好生活的需要作为中国式现代化的目标,扭转了资本主义生产体系中人沦为物的工具的命运。在马克思主义的生存论意义上贯彻绿色发展理念,是中国现代化进程中的重大战略举措,也是人类永续发展的必由之路。

其次,依据马克思主义哲学关于实践与人的历史生成的思想,厘清绿色发展是人的生成过程中内在的历史诉求,自然与人的存在是有区别的共同的存在。以绿色发展理念把握绿色生存方式中人与自然和谐共生的本质内涵。

(五)理念变革：中国式现代化进程中的生存理念革新

本章以中国式现代化进程中现实生活的生存理念变革为中心,从百余年来变革图存的历史中整个民族生存的精神样式与现实生活中的行动准则入手展开讨论绿色发展贯彻的实践路径。

精神层面,绿色发展视域下人的生存方式的精神样式,汲取中华优秀传统文化与马克思生态主义的思想资源、借鉴西方绿色实践的经验,建构绿色发展理念的价值观体系,破解现代形而上学的一切可计算性,以人的发展意识取代占有意识,实现人格转型。从中华优秀传统文化中汲取"天人合一""道法自然""生生之谓易"等人与自然和谐共生的思想资源,为人与自然在西方现代形而上学、资本与技术理性的媾和中的对立、分裂、工具化重新找回存在的意义。

现实层面,社会主义市场经济体制建设中,传统义利观在中国式现代化进程中不断与新的实践融合突破：为单向度的人即被现代形而上学极端扁平化的理性经济人复归现实的感性的人奠定基础；借鉴马克思主义对资本的批判,论证中国的社会主义市场经济,以资本为手段、以人的幸福为解放和发展生产力的目的,从生产上破解资本与物的"共谋",走向扬弃资本逻辑,实现人的解放与每个人自由全面发展的道路。

（六）结语

以第四章绿色发展的实践路径为契机，展望如何推进绿色生产生活为人的自由全面发展与人民的美好生活，为以后的研究作一个初步构想。由几个不成熟的想法探索建构真实的共同体的具体实现方式，分别为铸魂、锤炼物质承担者、厘清美好生活需要的内涵、尊重劳动、建设人类命运共同体等五个方面。在中国式现代化进程中，贯彻绿色生存方式，增强人的获得感、幸福感、归属感，实现共同活动方式（即生产力）所生产的社会的力量成为每个人的解放与自由发展，即将人从谋生、被强迫的分工劳动中解放出来自由全面发展的力量。如此既能为人们的生存方式提供绿色选择的物质基础和技术手段，同时又使得闲暇与劳动在复归人的生命活动、实现人的本质力量的对象性活动中成为有差异的同一，人在自己的劳动中既能实现作为人的创造性本质，又能自由地对待自己的劳动及劳动产品，从而使得自由、创造性劳动及其成果复归于人，实现人的解放与每个人的自由全面发展。

三、研究重点与难点

（一）研究重点

第一，从现代人的生存方式特征——生产性存在、消费性存在、技术性存在，考察当代的人类生存方式的基础及其异化的根源。

第二，探讨在中国特色社会主义实践中如何利用制度优势、文化优势建构具有生存论意义的休闲，来推进人类生存方式的绿色转变。

（二）研究难点

绿色发展与人的生存方式之间的互相影响伴随着技术的进步、社会财富的积累，人如何以有意义的生存方式永续存在发展，在现实与理论中仍需继续探索，全球发展的不平衡给各个国家和地区带来不同的发展机遇，在全球气候等生态环境问题中承担的责任也因此而不同，如何从个体选择实现人类共同生存的永续发展既是实践问题，也是理论问题，需要各个国家和地区的人民在真正达成共识的基础上携手共商共治。这个问题从表面看原因很清晰，要经济增长带来的社会发展，还是要青山绿水，看起来是个二者不可得兼的问题，但事实上，人类现实中就是一种鱼与熊掌都想要的心理，经济发展、科技进步、社会生产一刻不停，随之造成的生态环境、能源危机也不断加深，各个国家和地区采取相应的措施并且逐渐走向全球合作治理，但是，问题依然没有彻底解决。各种行动方案总是隔靴搔痒，难以对症下药。

本书在此基础上，试图对这样的共识引导下的行动总是难有成效进行深入分析，挖掘掣肘行动的根源究竟何在。在根源挖掘的过程中，本书以马克思主义经典理论作为主要理论基础，同时借助西方思想家如海德格尔、黑格尔等对现代性的批判理论，对生态危机、能源问题、典型问题与应对方案之间的背离现状及其原因进行了梳理与分析，立足中国特色社会主义建设对现代化、工业化产生的威胁人类生存与发展的全球性生态、能源危机贡献中国智慧，提出中国方案。

但是由于本人理论功底积累不足，在阐释分析问题时表达方式不够简练明晰，在对现代人生存方式变革根源的哲学批判方面，对西方现代性产生、发展及溯源的批判性反思不够全面深刻，在革新生存方式方面，对中华优秀传统文化的发掘还不够，在提出解决现实问题的对策建议方面建设性不足。因此，本书不论是关于研究对象本身的发展，还是在自身的理论积累与表达上，都还需要继续学习研究。另本书撰写中引用的一些著作的版本并非最新版，主要是因为本书撰写时恰逢新冠疫情期间，笔者手头的相关著作购买时间跨度较大且有些是在旧书网购得，故未能以最新版本作注。统稿校阅时为了便于查阅，仍以写作时所用版本为准。

第一章 现代人绿色生存瓶颈分析

党的十八大以来,我国不断加强对环境的保护和治理,明确提出决不走西方现代化国家"边污染边治理"的老路。党的二十大报告指出:"大自然是人类赖以生存发展的基本条件。尊重自然、顺应自然、保护自然,是全面建设社会主义现代化国家的内在要求。必须牢固树立和践行绿水青山就是金山银山的理念,站在人与自然和谐共生的高度谋划发展。"[①]这种人与自然和谐共生的绿色发展观,批判了西方现代化道路一直无法排解的内在冲突逻辑:一方面,在谋发展的道路上,技术与生产力的结合带来了社会生产力与社会财富的提升与丰富,缔造出现代舒适便捷的生活;另一方面,这样的发展对资源与环境造成了巨大压力,进而威胁到人类的生存环境。这种冲突造成了人类现实的发展与美好生活之间的悖论,加深了人与自然、人与自身、人与人之间关系的对立。要超越并克服这一主要矛盾,首先必须正视当前发展模式带来的现实问题,其次要探索生存发展道路中的内在冲突机制,在此基础上扬弃当前的发展与生存方式,探索绿色发展现实生存与可能路径的统一。而面对当下人类生存发展的现实危机与困境,由欧美资本主义国家提出与施行的行动方案,始终无法彻底解决现代工业文明所带来的全球性生态、能源危机与环境危机。

---

① 习近平:《高举中国特色社会主义伟大旗帜 为全面建设社会主义现代化国家而团结奋斗——在中国共产党第二十次全国代表大会上的报告》,https://www.gov.cn/xinwen/2022-10/25/content_5721685.htm,2022年10月25日。

基于上述认识,清算传统现代化模式必然带来生态危机的发展逻辑、对环保为中心的绿色行动进行有生存方式变革指向的省思,对于中国式现代化坚定贯彻绿色发展理念具有极其重要的意义。本章将从工业文明以来人类造成生态危机的现象级事件入手,分析并总结人类在生态危机期间的生存发展中遭遇的问题,同时对世界主要国家和地区针对这些问题所采取的行动进行评述,由此重新审视人的生存方式,厘清在人的生存发展中,人与自然、人与人的关系应如何重新安排的根本问题。

第一节 当代人生存危机审视

探索更好的生存方式是人类活动的永恒主题。马克思指出,"人类历史的第一个前提无疑是有生命的个人的存在"[1],就是说,人首先必须活着,而为了活着就需要生产出自己的物质生活条件,"一当人开始生产自己的生活资料……人本身就开始把自己和动物区别开来"[2]。人们以物质生产劳动为核心建构起自己的生存方式,并且以之为主线不断提高生存与发展的条件。然而,虽然客观物质条件决定着人会如何思考生存与发展的问题,但具体时代条件下人们对生存与发展的基本理解,会形成对物质生产活动有反作用力的生存观与发展观。

"个人怎样表现自己的生命,他们自己就是怎样。因此,他们是什么样的,这同他们的生产是一致的——既和他们生产什么一致,又和他们怎样生产一致。"[3]发展观,简言之就是人生产什么、怎样生产,是人的需要以及需要的满足方式,这种满足方式就是物质生活条件及其生产方式。换言之,发展观是以人的需要及其满足为目的的。值得注意的是,物质生活条件作为人基本生存需要的基础,其物质资料的生产在人类生命活动中占据基础性

---

[1]《马克思恩格斯选集》第1卷,人民出版社2012年版,第146页。
[2][3]《马克思恩格斯选集》第1卷,人民出版社2012年版,第147页。

地位,这种物质资料的生产是作为人类的共同劳动和社会劳动而进行的,其本身蕴含着人与自然、人与人之间的交互关系。但是,在人类认识世界和改造世界的同时,人类及人类社会自身也被改造着。在物质生产方式的发展过程中,生产作为人本身存在之根基,伴随着理性的发展和理性对生活的安排与规约,生产与人的需要的满足方式,逐渐从直接的自然劳作发展到机器大工业,生产劳动过程也日渐精细复杂化,使人的需要的满足这一终端产生无数中间环节。在这种情况下,自然逐渐从人的生活中退去,仿佛成了现代人生活的背景板,人造物充斥着日常生活世界,人与自然作为生命共同体的感性、对象性关系被理性的工业化和标准化生产肢解。

从整个人类发展史来看,第一次工业革命开启的现代工业发展,孕育于传统自然经济母体之中,借助近代自然科学的成果以及商业资本的力量,吸收并改造了传统自然经济的劳动资料、劳动对象及劳动者,从而结束了传统自然经济。与此同时,近代欧洲社会的启蒙运动、社会革命为现代化准备了理性自由的价值观、合法的现代民族国家和市场经济体制。技术和思想的变革促使人类社会在第一次工业革命之后进入高速发展阶段,市场自由竞争也让科学技术产生了此前社会所不具备的能够转化为生产力的效率。主导竞争的是资本,这一历史辩证发展过程在马克思、恩格斯的《德意志意识形态》《共产党宣言》《资本论》中都曾清晰呈现。资本的扩张将全球卷入其生产体系中并为资本增殖服务,唯GDP增长的发展观正是资本驱动所形成的传统发展观。一方面,这一发展观给人类社会创造了前所未有的财富,鲍德里亚将之称为"丰裕社会";另一方面,地区性不平衡、全球性贫困的问题仍普遍存在,发展成果只是在全球少数地区和少数人那里分享,而发展所带来的生态危机却由全人类共同承担。同时丰裕社会的引擎——资本主导的生产体系,其建设并非为了人的存在与发展,因为追逐剩余价值是资本铁的规律,正如马克思所说,"资本来到世间,就是从头到脚,每个毛孔都滴着血和肮脏的东西","资本害怕没有利润或利润太少,就像自然害怕真空一样。一旦有适当的利润,资本就胆大起来。如果有10%的利润,它就保证到处被使用;有20%的利润,它就活跃起来;有50%的利润,它就铤而走险;

为了100%的利润,它就敢践踏一切人间法律;有300%的利润,它就敢犯任何罪行,甚至冒绞首的危险。如果动乱和纷争能带来利润,它就会鼓励动乱和纷争。走私和贩卖奴隶就是证明"[1]。自然和人都成了资本主义生产的生产条件,以资本增殖为唯一目标,人的存在被降低到物的位置,这样的发展观显然与发展的初衷——人的永续存在与发展背道而驰。资本为了增殖,盲目地扩大生产,扩张并创造需求,刺激人的欲望并将其定义为资本主义生产刚需,以满足其获得剩余价值的本能。

工业化发展观衍生的高排放、高消耗的生产与生活方式,让人类沉浸在生产力发展和科学技术突飞猛进所带来的舒适便捷之中。廉价工业品的大规模生产和消费带来巨额利润,继续刺激生产与再生产,社会教育、医疗社会保障等方面获得普遍提升,人民的生活面貌发生了令人振奋的变化。现代化气息使得欧美发达国家以及以欧美发达国家为发展样板的国家和地区的社会,充满了技术生产化与增长无极限的乐观主义氛围。但是在这种乐观主义气息中,危机悄然而至,人与自然的感性、对象性关系,在现代资本与技术主导的生产中逐渐瓦解,人与自然开始走向分离和对立。20世纪60年代《寂静的春天》的作者及其他对工业化、现代保持警惕的人们为人类敲响警钟,技术与增长带来的生存危机,被人们的享受舒适生活、追求资本利润、后发国家发展目标等诸多需求所遮蔽。而危机意识及对危机的反思在人群中达成普遍共识,是在诸多现象级事件(如20世纪八大公害与十大科技事故[2])发生之后才形成的。

人类在机器大工业兴起以后的生存发展方式,相较于从前以农业生产为主的前现代时期,其典型特征集中于两点:一是社会生产方面,依赖于能源的生产与消费;二是日常生活消费方面,人造物的占比越来越大。此外,能源生产、消费过程与人们的日常生活消费间隔了诸多环节,使得人们愈加

---

[1] 《马克思恩格斯选集》第2卷,人民出版社2012年版,第297页。
[2] 指20世纪发生的多起世界闻名的重大环境污染事件。八大公害指比利时马斯河谷烟雾事件、美国洛杉矶烟雾事件、美国多诺拉事件、英国伦敦烟雾事件、日本水俣病事件、日本四日市哮喘病事件、日本爱知县米糠油事件、日本富山痛痛病事件;十大科技事故指北美死湖事件、"卡迪兹"号油轮事件、墨西哥湾井喷事件、库巴唐"死亡谷"事件、西德森林枯死病事件、印度博帕尔公害事件、切尔诺贝利核泄漏事件、莱茵河污染事件、雅典"紧急状态"事件、海湾战争油污染事件。

远离自然。首先,社会生产的终端即日常生活消费品到消费者手中时,消费品的能源生产过程对于普通人而言如同黑箱,而消费品的性价比、便捷性、舒适性、美观性等则是消费者主要的关注点。其次,工业品的大规模、大批次生产,很容易给人取之不尽的错觉,这种情况下,社会生产对自然的依赖在人们的日常生活中就会被下意识忽略。最后,自然与人之间的紧张关系,往往以日常生活所产生的环境污染问题形式进入人们的视野,比如为消除"白色垃圾"出台的"限塑令"、生活垃圾分类等,这再次使人产生环境问题、生态问题能够因政策出台就得到解决的错觉。人们的日常生活世界被人造物所包围,使得人类对自身的创造力与生产力充满着自信,自然只是人生存发展的工具,世界万物仿佛都是为了人、以人为目的而存在,种种幻觉使得人类对生态危机的认知游走在紧迫与散漫之中。

近两百年来,在科学技术与资本作用下,一方面,人类的生存状况有了极大改善,物质生活条件持续得到改进;另一方面,人类对大自然的影响也今非昔比,人类的生产活动与生活消费活动正在极大改变着生活世界的面貌,同时也危害着人类赖以生存的自然界。工业化、现代化进程使得人口规模呈几何级增长,而如此规模的人口所消耗的资源也随之激增,为满足人口增长需要,生产规模必然扩大。生活消费和生产中制造出大量垃圾和污染,次生灾害不断,人类的生存环境比农业文明时代恶劣得多。纵观人类发展历程,20世纪堪称人类对自己生存的自然环境破坏程度最严重和范围最广的一个世纪。化石能源的发现和应用仿佛打开了潘多拉魔盒,一方面化石能源产生的时间过长、储存量有限,对人类而言相当于不可再生资源,这就给无限增长的发展模式设置了增长上限;另一方面化石能源在使用过程中造成了诸多次生灾害,其影响长达百年甚至千年,当代人的舒适生活是以透支人类的未来为代价的。不断扩大的生产,消耗着自然资源,也带来了连锁反应:森林资源在工业生产中不断消耗,导致地表覆盖物减少,水土流失严重,土地荒漠化日趋严重,人类适合生存的地域正在被人为缩减;同时,人类活动遍及世界各个角落,这导致生物的自然栖息地也在不断缩减,加速了生物种群的灭绝,而生物多样性的缺失又进一步破坏了生态平衡,威胁了人类的生存与发展；大气污染、酸雨、水体和土壤的污染等对人类而言都是不受地域限制的生存威胁，发达国家为了生产和生态收益，将高污染、高排放产业转移到其他国家和地区，从长远看，这种转移所造成的生态灾难仍然需要全球、全人类共同承担。

环境问题因为公害性、普遍性、突发性、并发性而成为难以治愈的世界复合问题。虽然人们在观念上已经意识到生态危机的存在，但这并不影响人们在现实生产生活中继续制造环境污染，加重生态危机。与此同时，以环保为主的绿色行动也在以"安慰剂"的方式麻痹、缓和着人类对生存危机的感知。生态危机频频发生，不仅损害了支撑生命存在的生态系统，更是直接给人类的生命健康、生活舒适，甚至生命财产安全造成不可逆的损害。如2004年印度洋海啸（南亚海啸）造成数以十万计人员死亡、数亿计财产损失，至今仍令世人胆战心惊。全球化时代，灾难和危机推动着全球治理与跨国合作，联合国环境规划署执行主任克劳斯·特普费尔曾为此呼吁，各国在制订发展计划时必须更多考虑环境因素，全球治理与区域治理的实践行动要求重新厘定人与自然、人与人之间的关系。自党的十八大以来，我国就提出"人类命运共同体"意识，习近平就任总书记后曾在首次会见外国人士时表示，国际社会日益成为一个你中有我、我中有你的"命运共同体"，面对世界经济的复杂形势和全球性问题，任何国家都不可能独善其身。党的二十大报告也明确指出，"构建人类命运共同体是世界各国人民前途所在……坚持绿色低碳，推动建设一个清洁美丽的世界"。保护环境，追求绿水青山就是金山银山日益成为我国绿色可持续发展的重要课题。

生态危机带来的影响和一系列问题接踵而至，虽然人类已经采取相应的措施进行预防和整治，但目前依然未能行之有效地解决问题。具体来说，当代人类的生存发展问题主要有以下几点：

一、工业文明下巨大人口规模与资源环境约束问题

人类不断从自然界的束缚中解放，在认识与改造自然的同时改造自身，

在自己的生命活动中从蒙昧走向文明。在这一进程中,人不断地对自己生活着的世界去自然化、去神秘化,人的生存方式中自然的、原始的印迹正不断地打上人类自己创造性活动的烙印。生态危机直接地表现为人类社会与日俱增的庞大人口规模与资源环境约束之间的不匹配,有限的资源和环境承受能力与庞大人口的生存发展需要之间有着巨大的鸿沟。

这一资源环境约束问题是历史地形成的。前工业时代,基于自然经济的生产力水平及其所创造的物质财富能够养活的人口数量是有限的,资源与环境的压力使得局部地区不再适宜人类生存,这产生了文明迁移或者消亡更替。但总体而言,地球上的自然资源以及适宜安居的区域对人类的生存发展是不构成大的压力的,而每当人口规模超出自然经济的生产力水平时,便会在自然灾害、瘟疫疾病、战争冲突等事件中使得人口规模重新回归到生产力水平所能容纳的范围内。生产力水平首先在西欧取得突破性进展,第一次工业革命开启了人类的工业文明时代,科学技术的生产化应用使得生产力水平及其产出超出了自然经济时代土地与手工作坊的产出,随之而来的是超出自然经济生产力水平的人口被工业所吸收并供养。从第一次工业革命到第三次工业革命,工业的动力源泉不断改进,机器的制造能力不断提升,整个工业生产吞噬着不断扩大的人口和资源。

从资本的有机构成不断提高上看,在工业文明发展之初,工具与设备的科技因子与劳动力因子相比,在耗费的时间与资金上,后者的投入产出相较于前者明显更为便捷高效。在科学技术生产化的探索期,劳动力需求创造了巨大的人口需求,同时,工业产出规模也能够为新增人口提供基本的生活资料。但是,从历史上看,这种工业扩张与人口规模扩大的平衡是建立在对自然资源与环境的无度征伐之上的。迄今为止,第一次工业革命后开启的人类工业文明时代不过两三个世纪的时间,但是所造成的资源环境压力却是自产生人类以来数百万年时光中都不曾有的。从最近几个世纪公害与科技事故不断发生中可以看到,工业文明的生产给人类的生存条件造成了直接威胁,但目前仍没有能从根本上扭转这种对增长无极限的追求。在生态危机的压制下,面对资源匮乏、环境恶化的现状,只有提高科技水平,实现粗放型发展向集约型发展转变,从高能耗、高排放、高碳式发展转变为低碳、节能、循环经济模式,才能高效使用资源,减少对环境的破坏。

在此逻辑下,资源环境约束问题转换为技术约束问题,也即发展的问题需要靠发展解决,应用工具主义思维方式来解决问题。如今,工业生产转移到成本低廉的国家和地区,这些商品产出支撑着诸多国家和地区高消耗、高排放的现代生活,全球性资源环境问题日益加剧。面对资源有限的现状,应想办法获取更多资源或者高效利用资源。而对问题产生的根源,譬如资源有限的衡量尺度是什么,这个衡量尺度是否真实地以人的生存发展为标准,人民是否不加反思或者视若无睹,不愿放弃既有的舒适生活方式,使得绿色意识停留于口号或者流于形式等,则应进行更多思考,并采取行之有效的对策进行解决。

二、消费主义、物质主义价值观加剧环境资源压力

生产的逻辑是生产得越多越好。在生产性体系中,产出转化为收益,必须有足够的消费市场才能实现生产的无尽循环,因此客观上就要求有购买力的人口越多越好。但是,从资本有机构成不断提高的进程中可以发现,随着科学技术生产化的加深,生产体系中的劳动力需求在不断减少。在当下正在进行的第四次工业革命中人工智能的发展中,随着科学技术真正成为第一生产力,生产体系对劳动力的需求越来越低,机器替代人工行业的程度却日益加深,广度日益扩大,工业文明实际需要的劳动力越来越少,但产出越来越多,同时,随着工业生产人口减少,第三产业即服务业人口吸纳了工业生产中挤出的部分人口。总体而言,从生产性生产看,人口因素的比重在降低。生产体系的无尽循环,又需要相应的市场消费规模以及有相应购买能力的人口才能构成庞大的消费群体,拥有购买能力意味着必须有稳定的收入来源,因此,只有在生产性体系中有相应位置的人口才能成为消费群体。资本有机构成的提高造成生产性体系中对人口需求的降低,而服务业本身也在技术的提升中不断替代对劳动力的需求,因此,有稳定收入并且有

消费能力的人口数量就随之减少。由此来看,真正能成为生产性消费群体的人口的实际数量是有限并减少的。那么,如何将庞大的产出消费掉并实现收益再生产呢?虽然有购买力的人口数量受制于生产体系,但消费主义突破这种量的制约成为丰裕社会的典型特征。人的存在生成了与"生产得越多越好"相匹配的逻辑,即占有得越多越能凸显人的存在。这种生存方式使得以技术为约束的方式替代了从前以环境资源为约束的方式,保护环境资源的初衷被摧毁,占有得越多越有存在意义缔造了高能耗、高排放的现代人的典型生活方式,并逐渐成为一种全球性标杆。发达国家一方面将绿色环保作为政治性实践向导,另一方面又将高能耗、高排放的现代生活方式作为其发达的象征,其绿色环保行动通过资源环境压力转移,即将高污染的制造业转移到其他国家和地区,实现本地区自然资源与环境的恢复。发达国家凭借其先发优势、专利技术、贸易壁垒等攫取全球大部分产值,保证了其高能耗、高排放的生活方式,造成了物质主义、消费主义生存方式的价值约束,使绿色意识无法落地。

在这种情况下,如何在有限资源环境的约束下,实现生产得越多越好、占有得越多越好的生产逻辑或者资本逻辑呢?科学技术成为突破这种约束的关键。科学技术应用于生产,使得科学技术成为第一生产力,这一过程是历史地形成的。在技术中性论或者价值无涉主义看来,技术是人类进步和理性控制下的一种中性工具,人类发展所遇到的问题,比如粮食、能源、生态等问题,都能通过技术得到解决。"我们要在精神上操控技术。我们要控制技术。技术愈是有脱离人类的统治的危险,对于技术的控制就愈加迫切。"[①]

马克斯·普朗克"现实的就是可测量的"这一论述常被人们引用,因为"对科学来说什么可以被视为可靠的认识,关键就在于在自然的对置性中被设定的可测量性,相应地也在于测量行为的可能性"[②],这里的可测量性,不是

---

① [德]马丁·海德格尔:《演讲与论文集》,孙周兴译,生活·读书·新知三联书店2005年版,第5页。

② [德]马丁·海德格尔:《演讲与论文集》,孙周兴译,生活·读书·新知三联书店2005年版,第53页。

单纯从数字运算的意义上去理解的,"广义的、本质意义上的计算指的是:预计到某物,也即考虑到某物、指望某物,也即期待某物"①。这种"可计算性"是对一切现实的对象化的计算,"无论这种对象化是以因果说明的方式来追踪原因之结果,还是以形态学的方式来阐明对象,还是确保一种序列和秩序联系的基础",哪怕是数学,也"往往通过方程式来期待秩序关系的平衡,并且因此先行预计到一个对所有仅仅可能的秩序而言的基本方程式"。②

对现代科学来说,实际上就是什么是科学的问题,即科学划界的问题。在物理学家那里"现实的就是可测量的",一是意味着科学的研究对象是现实的,二是意味着科学研究方法的特征是可测量的,可测量的才可以成为科学的对象。由此推断,现实作为科学活动的对象,也是可测量的。海德格尔从哲学上阐释可测量性,即"对一切现实的对象化的计算",这种一切现实的对象化的计算,来自哲学的理性主义传统。

科学本身即是人类理性主义发展的结果。西方近代以笛卡儿等思想家为代表的主体性哲学的建立,一方面将曾经属于宗教的神恩荣光归之于人,在中世纪欧洲神的笼罩下,一切都是神的馈赠与创造,而自然环境也不例外,当主体性哲学将人从神学家的宇宙观中解放出来时,自然在神的世界的主体性被继续弱化,经由斯宾诺莎"无须借助于他物的概念"③的自然实体,到霍尔巴赫"自然,从它最广泛的意义来讲,就是由不同的物质、不同的组合,以及我们在宇宙中看到的不同运动的集合而产生的一个大的整体"④,自然愈加成为没有目的的、纯粹物质的存在。与此同时,作为理性主义的发展成果,近代自然科学革命在哲学发展的自然物质化的基础上,继续着对自然机械化与量化的认知转换。这一过程的实现依靠了人类生存经验中的工具主义思维方式,即为了生存就要解决生存所遭遇的种种问题,而科学研究恰恰也是以发现问题为起点,提出假设并论证,从而解释问题形成的原因

---

① ② [德]马丁·海德格尔:《演讲与论文集》,孙周兴译,生活·读书·新知三联书店2005年版,第53页。
③ [荷]斯宾诺莎:《伦理学》,贺麟译,商务印书馆1983年版,第3页。
④ [法]霍尔巴赫:《自然的体系》上册,管士斌译,商务印书馆1999年版,第10页。

或运作机制。近代自然科学革命对科学很重要的革命意义就在于科学方法——实验的方法,实验方法隐含的前提便是近代机械自然观。牛顿力学等自然科学的发展成果给予包括哲学在内的各个学科巨大鼓舞,人的理性能力、主体性地位更加彰显,自然环境则在康德那里完成了作为人感性条件和理智条件的非自在存在性的依据,自然的终极目的是人,"那种通过人类与自然的联结应当作为目的而得到促进的东西必须在人本身中发现"[①]。

自然在近代哲学与科学那里转换成了任人摆布的原材料与纯粹物质对象,这种自然观在现代哲学、科学以及资本共同构成的资本主义生产体系中,从人的工具进一步异化为资本增殖的工具,如此发展之下,威胁人类生存发展的生态危机与能源危机就成为必然,如果不从根本上扭转这种认知理念,绿色运动就始终是空中楼阁。

三、现代技术与制度架构的计算理性加剧自然的工具化

在古代,科学与技术分为两种,亚里士多德将其划分为工匠的技艺与不事生产的创制性或者创造性活动,而这一划分中对生产劳动的无视也成为整个西方文化中的一种倾向。虽然后来黑格尔从政治经济学中看到劳动的作用,但最终这也不过是绝对精神的实践,它消解掉了现实的生产劳动的实践性。物质生产作为人类生存发展的基础,始终被思想家们从现实的历史中阉割,每当人们谈起历史,总是从思想、观念出发,而不提这些思想、观念的现实基础。自古希腊开始,就将具有超越日常生活世界的、精神的、观念的理论活动作为人的本质活动,这就是理性主义。肇始于欧美的工业文明,其精神样式从源头上就带有一种脱离现实基础的倾向,即工业商业活动本身恰恰是被无视的社会现实。而现代科学作为一开始就在哲学母体中孕育并发展的一门科学,同样拥有追求现实的感性世界背后真理的精神特质。

到了近代,自然科学虽然从哲学母体中分离,但依然秉持理性主义的精

---

① [德]康德:《判断力批判》,邓晓芒译,商务印书馆2002年版,第287页。

神特质。在工业文明中,哲学家们曾认为与粗鄙的生产活动相结合,即科学技术生产化的结合也有了内在必然性。对于科学而言,追求真理的理性主义精神特质承袭了哲学中现象与本质二分的传统,通俗地说就是透过现象认识本质,而达成这一目标的方法就是科学实验的方法,其中所运用的思维方式是有问题解决问题的工具主义、理性计算思维等,这恰恰与机器大工业的生产方式达成一种内在契合。机器大工业生产作为工业文明的标志,其特征是标准化、合理化、机械化,一切对象皆可量化、可计算,理性主义精神就这样在科学与机器大工业生产中达成了一致。

自然科学通过工业展开大规模的活动并占有了不断增多的材料,通过工业生产在实践上日益进入人的生活,但是,自然曾经的主体地位在这种经济发展量的扩张下逐渐被剥夺,人的解放日益被强化。自然科学与工业结合所带来的对于一切现实的对象化和量化将继续主导社会生产,正在进行的第四次工业革命,就是既往工业文明在量上的继续扩张,这不断深化改造着人的生活。

发达国家以新殖民方式吸纳全球的工业化、现代化成果,并以其高度发达的现代生活方式作为意识形态的宣传载体,广大发展中国家在工业化进程中以发达国家为样板进行发展,加剧了全球性自然资源与环境压力,其中,首要的就是本国居民的生态灾难、气候问题、能源问题、污染问题等生态问题,而这又演变为全球性灾难。发达国家又反过来因此干涉其他国家和地区的工业化、现代化进程,以经济的、政治的、意识形态输出的方式,甚至不惜使用军事手段等,试图限制当地人民的生存发展需要,来维持发达国家的收益与生活方式。而全球性生态危机的治理能力因此始终裹足不前甚至倒退,各个国家和地区,不论先发国家和地区还是后发国家和地区,在发展与资源环境冲突的治理与制度设计上、观念的转变上等明显滞后于生态危机的治理需求。这便是使绿色意识始终无法践行的制度与观念约束。

综上,无论是在公害事故还是科技事故中,仔细勘查,我们都会发现资本的身影,公司企业所造成的公害由无限制的资本增殖所驱动,科技事故看似是"技术诅咒",好像是技术成了一种自主力量,试图定义和控制人的存在,但是这种"自主力量",实际是人所产生的。科学和技术是人的本质力量的展现,而技术向实践与生产的转化是在资本的驱动之下完成的,这种转化是现代社会所特有的现象。前现代社会中科学与生产几乎没有关联,技术主要靠匠人的熟练度来推动发展,给生产力带来的加速度成分非常有限,瓦特改良蒸汽机以后依然穷困潦倒,新发明的机械并不能一下子进入工厂进行生产。在资本主义发展早期,科学的进步带来技术的革新进而转化为现实的生产力的过程并不顺利,这一过程是随着资本的积累逐步加速起来的。

由此我们可以看到,资本与科技的媾和再加之现代意识形态即现代哲学或者现代形而上学的影响,使现代人的生存犹如温水煮青蛙一般,在舒适的生活背后酝酿着严峻的生存危机。在这种严密的建制下,人类即使认识到危机与困境,相应的绿色行动也无法摆脱这种资本逻辑。绿色行动以保护生态环境为行动目标,却在资本的生产逻辑中逐渐成为资本增殖的新空间。

进入现代工业时代之后,资本主导的生产使得人类越来越以追逐经济增长为重要目标。近代自然科学革命让人对自然、对世界,包括对人自身的认识,获得了前所未有的图景。这幅图景去除了神秘力量,促使人的知性思维形成自然科学,并使人拥有了前所未有的自信。传统社会面对自然与生命的敬畏逐渐消散,但是,生产力创造的巨大财富首先满足的却是资本增殖目的,资本窃取人的本质力量作为自己增殖的中介环节,人在资本增殖的生产体系中被驯化以更好地成为服务资本的"人力资源"。资本从原先创造财富的工具手段翻身变成了目的本身,而人则变成了为满足人的需要而生产创造财富的工具,人的存在变成了生产的条件,变成了资本存在的生产要素,最终沦为被资本控制的对象。在这个手段、工具与目的的颠倒中,在资本的力量下,被人当作征服和控制对象的自然再次与人在资本中实现了同一。这种无限增殖驱动下的发展势必导致自然资源与生态环境的毁灭性利用,这个毁灭是对人的生存而言的。人的物质生活条件本身是以自然为基础进行生产创造的,资本单向度追逐量的扩张的发展模式,最终将驱使人类陷入生存困境。

第二节　生存危机的西方绿色行动反思

面对经济无限增长发展观带来的生存危机，面对诸多的公害事件与技术事故，沉浸在现代文明带来的舒适便捷生活中的人们也无法做到熟视无睹。生态危机无视地区、无视贫富、无视先进与落后，直接威胁到了他们的"美好生活"，保卫地球家园、实现绿色生活方式就成为绿色意识与绿色行动的直接动力。

一、保护环境为主旨的绿色意识兴起

面对生态环境的破坏及其后果，西方世界中一些具有忧患意识的知识分子开始对这种以破坏人类赖以生存与发展的自然环境为手段的粗放式发展进行批判，绿色行动随之开始，并逐渐从社会运动上升到政治生活层面。一些国家和地区成立绿色政党，一些企业开始联合起来设立环保标准、进行产业升级或转移产业。

1962年《寂静的春天》出版并产生巨大反响。美国海洋生物学家卡逊女士在这本书中揭露了美国广泛使用杀虫剂造成的严重污染，有毒物质通过人类与各生态系统内流转而最终导致人类的生存危机。环境问题第一次被当作一种总体性的生存危机，随后一系列对人类工业文明的深刻反思的著作出版，比如《地球的毁灭》《人类的最后时刻》《即将到来的黑暗时代》等。绿色运动史上非常著名的一个非官方国际学术团体"罗马俱乐部"成立，这也意味着生态危机逐步成为国际议题。该学术团体于1972年出版的《增长的极限——关于人类困境的报告》一石激起千层浪，尤其是在工业先发的发达国家，沉迷于高增长、高消费生活的人们掀起了国际乐观派、悲观派和现实派之间的大论战，绿色运动成为20世纪70年代西方社会的潮流性运动。报告发表的同一年，联合国召开人类环境会议，并发布了《人类环境宣言》，对世界各国改善环境起到积极推动作用。1996年，巴西里约热内

卢举行的环境与发展大会,通过了《里约环境与发展宣言》《世纪行动议程》《气候变化框架公约》和《保护生物多样性公约》等一系列重要文件,提出了可持续发展战略,试图走人与大自然协调发展的道路。与此同时,联合国推动《气候变化框架公约》缔约国每年举办一次世界气候大会,1997年,大会通过《京都议定书》,发达国家承诺从2005年开始承担减少碳排放量的义务,发展中国家则从2012年开始承担减排义务。2002年8月第三次地球高峰会在南非召开,此国际盛事的主题为"环境"与"贫穷"。然而对照第二次地球高峰会所制定颁布的"21世纪议程",人类在解决环境问题上似乎有退无进。2015年巴黎气候大会上,欧洲与非洲、加勒比和太平洋岛国,携手中国与美国等,共同推动了《巴黎协定》的达成,2016年生效;在《京都议定书》2020年到期后,由《巴黎协定》继续指导全球气候治理。相比较而言,《巴黎协定》的治理原则以"共同责任"为核心,使各个国家行为主体在应对气候变化上有更多的自主性,各自的利益诉求差异性更加突出,推动全球气候治理趋向碎片化、多元化,全球治理行动致力于平衡不同国家利益、国家与全球利益、当前与长久利益,本质上是一种集体行动。但是,多元化、碎片化的趋势也让个体利益与集体利益间的冲突对立更加凸显,国家个体的自我保护机制被激发,全球气候治理处境艰难[1]。

世界各国的共同努力体现了人类在生态环境保护问题上的觉醒和觉悟,全球在致力于消除贫困这一共同目标的同时开始关注生存家园,存在意义长久被忽视、被当作生产的原材料来源地的自然再次回到人类生存关注的视野中。当"一个人一开始就以所有者的身份来对待自然界这个一切劳动资料和劳动对象的第一源泉,把自然界当作属于他的东西来处置……"[2],这种对待自然的狂妄姿态并非从来就有的,这是迄今为止全部人类生命活动的结果。劳动,也就是工业作为人的本质力量的对象性活动,变成了不属于人的、异己的存在,劳动对象从劳动者那里被剥夺,使得劳动者丧失了劳

---

[1] 肖兰兰:《全球气候治理中的领导-跟随逻辑:欧盟的实践与中国的选择》,《中国地质大学学报(社会科学版)》2021年第2期。

[2] [德]马克思:《哥达纲领批判》,人民出版社2018年版,第8页。

动的物质条件。作为劳动对象的自然本来是人的本质对象化的对象性存在,但是现在劳动对象被剥夺,成为资产者的资产,从而使其获得支配劳动的权力,作为劳动对象的自然变成了支配劳动的异己的力量。人与劳动对象关系的异化随之而来的便是人与自然的关系的异变,这也同时导致了人与自身、人与他人关系的异变:"资产者有很充分的理由硬给劳动加上一种超自然的创造力",即"劳动是一切财富和一切文化的源泉"[①],这是建立在自然成为资产者的所有物的基础上的。

简而言之,资本主义生产方式取代了自给自足的农业生产,资本家成为一切生产资料的占有者,自然作为劳动资料和劳动对象的第一源泉被资本家所占有,例如历史上"羊吃人"圈地运动、航海大发现带来的全球殖民等。在此基础上,"劳动成为使用价值的源泉",因为"一个除自己的劳动力以外没有任何其他财产的人,在任何社会的和文化的状态中,都不得不为另一些已经成了劳动的物质条件的所有者的人做奴隶","他只有得到他们的允许才能劳动,因而只有得到他们的允许才能生存"[②]。被剥夺了一切生产资料的人,除了自己拥有的劳动能力外一无所有,他为了生存下去,必须向生产资料所有者乞求劳动的机会,用自己拥有的劳动能力去交换维持自己活下去的生活资料。生产资料占有者因此获得了支配他人劳动的机会,而他自己则不需要劳动,只需要占有别人的劳动来生存并在此基础上发展自己的文化。对于劳动者而言,他的劳动和劳动产品不属于他,并且他自身劳动的结果也在不断增强占有劳动者劳动的另一方的力量。这种力量是劳动者的劳动创造出来的,虽然是劳动者本质力量的对象化,却成为异己的、控制劳动者的力量。这便是人与自然关系异化的同时,人与自身、人与人之间关系异化的过程。

如此一来,全球生态资源危机直接反映出的人与自然之间关系的异化,本质上就是使资产者拥有对自然的所有权,从而获得因占有生产资料而占

---

① [德]马克思:《哥达纲领批判》,人民出版社2018年版,第8页。
② [德]马克思:《哥达纲领批判》,人民出版社2018年版,第8—9页。

有他人劳动和劳动产品的权力。由此来看,要弥合人与自然关系的分裂对立,仅仅止步于保护自然、绿色低碳循环经济的行动就有治标不治本之嫌了。上述观点是本书对西方绿色思潮与行动所采用的批判性视角分析,即从直接的人与自然的关系和根本的资本主义生产方式变革两个方面考察西方的绿色运动,以便为本书讨论的绿色发展视域下的生存方式的可能路径汲取经验与教训。后续,本书将对西方主要发达国家和地区萌生的绿色意识与绿色行动进行考察。

二、西方国家的环保意识与实践经验

绿色运动在西方兴起,主旨为保护环境,但是同时又要在就业和经济增长上取得平衡。发达国家的企业和政府在20世纪八九十年代才将生态现代化纳入政策议程,旨在实现环境管理和经济增长的协同发展。值得注意的是,绿色运动兴起的时期,正是西方世界陷入滞胀的时期。20世纪70年代,主要发达国家在高速增长后陷入了经济低迷期,持续的通货膨胀与大规模失业使得绿色运动开始寻找经济建设与环境保护的中间道路。在这种背景下,用实用主义思维解决环境问题的路径应运而生,绿色资本主义或者生态现代化成为绿色运动中的主要潮流。生态现代化致力实现经济效益、生态效益、社会效益的统一,核心仍然是现代化。随后,生态因素纳入经济建设,经济落后国家的现代化进程设置了生态建设的要求,经济发达国家则被要求生态重建,这可以视作20世纪90年代末可持续发展观的兴起背景。这一历史时期的绿色运动思想的主要流派表现为生态政治学、生态社会主义、绿色资本主义等。进入21世纪以后,国际可持续发展语境中"绿色经济""绿色新政""绿色经济倡议""绿色增长战略""绿色技术转型"等新术语、新概念层出不穷,但总体而言,这些新概念都致力于解决经济发展与绿色未来的冲突,相信"绿色经济""绿色增长"可以一举多得,在保持经济增长的前提下实现生态和谐。"绿色资本主义"作为欧美国家经济的一种"选择性"绿化正在进行中,如德国、奥地利等国家正在实现本地区的绿化,但是这种以其他部门和地区为代价的绿色经济战略并未有效解决全球环境恶化与贫穷的难题。由于拒绝接受第一波环保主义的反增长理论，认为环境破坏的产生正是这些商品未价格化、市场化的缘故，他们主张绿色技术、绿色税收、有生态意识的购物消费等诸如此类能够将经济增长与环境保护结合起来的提案，甚至企图通过资本主义天生的扩张性，扭转经济活动中的基本原则。在资本逐利的原则下，价值的创造被视为获取、生产和销售的线性结果，向环境要红利，达成重建环境与赚钱的统一。这种经济体系是线性的、机械化的，这种简单化的逻辑缺乏整体性思维，而环境恰恰是全球人类共同面对的总问题。人类过去与未来的经济活动都以地球的范围为界限，因此生产消费活动中的废弃物无论从哪里来以及被送去哪里，其实最终都在我们的身边。不断积累的生态负荷，成为引发各种形式的社会灾难与冲突的罪魁祸首。绿色资本主义借助的资本逻辑使得生态环境保护变成了一门新的发财致富的生意，与其理论设计之初衷相背离。

再看绿色运动中的其他重要流派：由政治学与生态学、环境学结合发展出的生态政治学，或生态马克思主义，这一学派建立在理性批判资本主义工业文明基础上，反思人与自然的关系，主张以生态效益为核心价值，以人与自然的和谐关系为目标。到20世纪80年代，德国左翼社会思潮发展出了生态社会主义，主张生态危机的根源不是人的观念落后，也不是工业主义，而是资本主义制度。这一学派继承马克思主义人与自然关系的观点，认为社会和自然是互相作用、互相制约的，批判人与自然对立的技术中心主义，在人与自然的关系中坚持人道主义，把人类利益与自然利益统一起来。生态社会主义有比较完整的行动纲领：经济上，生态社会主义主张以"社会生态经济"模式取代现行的"市场经济"模式，以保护自然、理智使用自然资源并照顾后代人的"稳态经济"而著称；政治文化上，生态社会主义试图以社会正义和基层民主、非暴力方式施行绿色工作道德、生态道德、环境道德等教育。

西方老牌工业国的绿色行动逐渐延伸到政治生活，民众经常进行游行、示威、抗议等活动，各种环保组织如雨后春笋般成立。他们组建绿色政党，从自发开展活动到在政策层面施行其主张,如减少污染、减少垃圾、保护动植物、反对核能的开发利用、增加清洁能源的开发使用、反对过度的海洋开采与捕捞,等等。

欧美政治生活中,一种新的社会力量和政治愿望的代言人——绿党,开始登上政治舞台,他们以维护生态平衡和保护环境为目标,主张经济的适度增长和社会正义,提倡社会民主和非暴力原则等。例如新西兰的"价值党",这是国际社会诞生的第一个绿党,其纲领强调了环境的保护和生态的平衡,同时主张经济的稳定、政府的分散化、男女平等等理念。随后绿党相继在一些主要资本主义国家如美国、英国、法国、德国、意大利、希腊、爱尔兰、卢森堡、瑞士等建立,并逐渐扩展到非洲和拉丁美洲等地。

绿党行动纲领的指导思想是生态主义哲学,主张从整个人类和星球的生存出发,构建自己的理论纲领、意识形态、政策及组织原则。其政治纲领的根本原则是保护环境、实现生态平衡,这也是绿党区别于其他政党的标志;经济方面,绿党明确反对消费性经济,认为这是受利益驱动的毫无限制的生产,必将带来过度利用资源的恶果和生态平衡的被破坏;生活方式上主张变革为简朴和回归自然的方式,从改变人们的生活方式入手,渐次改变传统的经济增长模式和消费观念;生态环境保护方面,主张"保护生态系统的平衡高于一般经济增长的需要",因此"不进行不考虑未来的投资",要求取缔危害生态、消耗能源的行业;社会发展方面,以社会公正、社会保障、非暴力活动、基层民主等为其纲领目标。以上行动纲领都遵循了生态哲学中相互联系、相互影响、互为依存的观念,成为绿党的"科学的基础,行动的准则"。绿党因其在政治层面的影响力使得绿色发展思想进一步纳入各国执政党的视野和发展战略中。

与生态现代化同时期还有一股强势思潮值得注意,即"反现代化、反工业化、反生产力理论",该理论认为工业化是环境污染和资源破坏的根源。在这股思潮的启发下,绿色资本主义或生态现代化理论认为,现代化模式的转变是必需的,可以修复严重破坏环境的结构性缺陷,但是不能放弃现代社会基本制度,技术进步的方向可以朝着环境友好型创新发展,以期克服传统工业技术带来的环境污染和破坏。绿色资本主义、技术批判理论、激进的生态中心主义理论都是生态现代化理论的养分，应当从中批判性吸收和借鉴合理因素以完善自身。欧美主要发达国家纷纷声称要走"生态现代化"道路，其中德国可以说是生态现代化实践的典范。德国政府将生态现代化列为国家发展的基本目标之一，并在其政府、企业、人民、科技人员等各方面的协同努力下取得了不错的成效，为人类在解决生态环境问题上提供了从理论到实践的可供参考的建设经验。

三、绿色行动与绿色思潮评述

在绿色资本主义、生态现代化的思潮与实践中，可以看出资本主义生产方式、发展方式和规制方式对于消除生态危机的助益微乎其微，但在实践中却不断将剥夺和统治结构的关系再生产出来。绿色经济和绿色增长最终同资本主义调控其增长与积累危机等的其他政策工具一样，只是资本主义漫长发展过程中的一个新阶段，尽管我们目前还很难预测其相对稳定的发展阶段的时间长度。

但从绿色资本主义的指导思想与实践方式来看，资本原则必然导致绿色资本主义反生态和社会不公正的本性，同时我们又要在这样一种历史性进程中积极寻求综合性的"社会生态转型"的机遇或可能性。自然生态的资本化占用和损害代价外部化，历来就是资本主义内在逻辑的一个方面。当前，绿色旗帜下的诸多改良性政策与制度调整并不会改变这一本质，而且更加可能会以发展中国家的生态代价和社会代价为前提。中国等全球新经济体的崛起可以从国际合作中获得促进全球绿色运动开展的资源，促进全球绿色运动在最大共识中走向实践，努力形成一种超越资本逻辑的绿色力量。

另一方面，生态现代化本身无法跳出资本生产逻辑与实用主义的工具理性思维，自然仍然只是被看作人类经济活动的附属物。自然依然是作为生产要素存在于人类生活过程中的，这种根深蒂固的生存理念无法真正破解人类的生存危机。其次，生态现代化的局限性还表现在其"生态殖民政策"之中，生态现代化内在地包含对立和斗争逻辑，即只是适用于实现西方发达国家的资本主义经济与环境，对于全球和人类的生态危机不但没有解决方案，反而是变本加厉加深全球整体生态危机。这种根植于生态现代化的斗争对立思维，与生态科学的"整体性原则"相悖。再次，西方的生态现代化理论与实践缺乏历史与辩证思维，对全球各国家和地区的不平衡发展，尤其是后发国家的环境责任试图"一刀切"，寄希望于靠发展中国家非工业化来维持自身环境友好的高增长、高排放的"美好生活"。

兴起于20世纪六七十年代的绿色运动，迄今已有大半个世纪，然而由于以上所列举的种种局限性，全球范围内的生态危机并没有得到缓解，反而日益深重。全球范围内经济增长与生态安全之间的冲突正在成为绿色运动的掣肘因素，如何破解这一冲突已成为整个人类必须面对的课题。

中国在自身现代化、工业化的过程中同样面对着与西方类似的资源与环境问题，本书下一章关于新时代绿色发展观的提出与形成的内容将对这个问题进行梳理，即中国现代化进程主观上坚持不走"先污染后治理"的道路，但在技术还不够发达的工业化早期又必然会以资源与环境的过度开发利用为基础，现实发展条件与期待发展模式间的拉扯造成了既有发展道路。中国特殊的国际环境使得中国的技术发展在很长一段时间内都处在低水平运行状态，人与自然的对立与分裂比历史上任何一个时期都来得严重。20世纪90年代晚期以来，我们相继提出可持续发展、科学发展观等战略，直到党的十九大提出五大发展理念，倡导建立人与自然生命共同体，不是仅仅把自然作为一种生产条件和生产要素，而是要在人与自然和谐共生的基础上为人与自然的关系找出一条克服资本原则的方案。党的二十大报告指出，目前"生态环境保护发生历史性、转折性、全局性变化……广泛形成绿色生产生活方式，碳排放达峰后稳中有降，生态环境根本好转，美丽中国建设目标基本实现"，要"坚持山水林田湖草沙一体化保护和系统治理，统筹产业结构调整、污染治理、生态保护、应对气候变化，协同推进降碳、减污、扩绿、增长,推进生态优先、节约集约、绿色低碳发展"[①],在发展方式、环境污染、生态系统、碳达峰碳中和上,我国都提出了行之有效的对应措施,从这些目标原则中,可以看出我国对于绿色发展的决心和信心。

---

① 习近平:《高举中国特色社会主义伟大旗帜　为全面建设社会主义现代化国家而团结奋斗——在中国共产党第二十次全国代表大会上的报告》,https://www.gov.cn/xinwen/2022-10/25/content_5721685.htm,2022年10月25日。

第二章 现代人生存方式的哲学批判

第二次世界大战以后,西方发达国家向全世界全方位推广其发展模式,其中最具吸引力的便是舒适便捷的现代生活方式,全球各国的工业化、现代化进程以这样高能耗、高碳排放的现代生活方式为目标,导致实现过程中造成的自然环境压力与能源危机与日俱增。发达国家不愿放弃既有的生活方式,后发国家为了生存与发展,在先发国家的贸易、技术等壁垒下不得不重走粗放型发展道路,进一步加剧了全球自然环境危机与能源危机。

随着工业化、现代化高歌猛进,生态危机对人类生存环境的威胁凸显,人们的绿色意识开始觉醒。实现在良好的自然生态环境中享有现代化、工业化发展成果和现代生活方式,成为西方社会所有绿色行动、绿色组织、绿色政治实践活动的基本诉求。但是,一方面,民众的愿望和诉求在资本主宰的政治体系中,很难成为国家的核心政治议题与行动路线;另一方面,人们对于生活方式的选择也充满矛盾,对以碳排放为支撑的现代生活条件充满依赖,但关于未来美好生活的理性思考又不断产生着绿色意愿。就像瑞典环保少女格蕾塔·桑伯格,其在全球范围内极力呼吁保护自然、节约能源,但又对便捷舒适的现代生活方式难以割舍。

在欧美为代表的西方发达资本主义世界,生态危机是被真实感受的,随之而起的出于自我保存需要的绿色意识与绿色实践的努力也是现实的,但是习惯于丰裕社会所塑造出来的高能耗、高排放的现代生活方式而难以自拔也是真切的。这种"既要又要"的心理机制所扎根的社会现实,是本章要进行的批判性任务，这是绿色意识与绿色行动开展半个多世纪以来，全球的自然生态环境危机、能源危机并未得到有效遏制的现实基础。

基于此，本章对丰裕社会塑造的高能耗、高碳排放生活方式（以下简称"高能生活方式"）进行审慎的反思与批判，揭示"高能生活方式"所反映出的现代人生存方式的典型性特征及其根源，剖析"高能生活方式"所凸显的现代人生存的典型特征经济性存在、技术性存在的意涵与本质。其次揭示这种生存方式的现实根源——现代资本主义生产的特殊性及其精神样式，对现代形而上学、资本与技术媾和缔造的社会现实与精神样式进行批判性反思。

第一节 现代人生存基本范式

现代人生存的根基即进行生产的资本主义生产方式，使得现代人生存方式呈现出与传统生产方式不同的特征：经济性存在、消费性存在和技术性存在。作为资本主义生产目的的资本增殖，不仅规定了人在资本主义生产体系中的位置，同时规定了人的生存与生活的目的，人的生存发展呈现单向度、非人化、物质化的特质。经济性存在成为人的存在之意义，获得了对人的生存方式的主导权，它把人从传统的宗教的、伦理的、宗法的、血缘的自然纽带束缚中解放出来，赋予人自身生产出的新的枷锁——资本；消费性存在是资本主义生产体系规定的结果，这种消费需求不是消费者自身作为人的真实需要；技术性存在是资本对人的经济性存在的规定得以实现的手段和方法，现代人生活着的世界以技术为中介并重新规划、聚合了生存的空间与时间，以技术性存在保证人的经济性存在和消费性存在，服务于资本增殖的需要。本章以历史唯物主义与唯物辩证法为理论工具，剖析现代人生存方式在其进行生产的物质条件中所获得的规定性，进而对现代人生存的根基进行批判性反思，为探索扬弃生产性劳动，真正向着人的自由全面发展开辟实践道路。

一、生产性存在的内涵与内在机制

生产性存在指的是作为生产性体系中的"生产性劳动力"[①]存在,而不是作为人存在,也可以称为"经济性存在"。生存于现代社会经济架构的人无法脱离这种被定义。这种存在以服务于资本增殖的需要为目的,在此基础上才会被承认其存在的价值,这种被承认的价值将以可计算的量化货币被人现实地获取,这也是现代社会经常以"身家×亿或千万"或者"×万富翁"等称呼那些成功人士。这里所谓的"成功"正是被资本逻辑所定义和承认的、能够为资本增殖服务的。作为人的存在,其自身存在和发展的需要能够服务于资本主义生产体系的部分会被承认甚至无限放大,而不能为剩余价值的创造服务的人的需要则会被资本所剔除。剔除的方式隐蔽而合理,即不被资本逻辑主导的社会意识形态和评价体系所承认,甚至被宣称为不理性、不合理的需要。人在资本逻辑的塑造下,成为创造剩余价值的称手的工具。

马克思在《雇佣劳动与资本》中讲到,"资本家拿自己的一部分现有财产即一部分资本去购买织布工人的劳动力,这就同他拿他的另一部分资本去购买原料(纱)和劳动工具(织布机)完全一样……资本家就用只是属于他的原料和劳动工具进行生产……织布工人现在也属于劳动工具之列,他也像织布机一样在产品中或产品价格中是没有份的"[②],"工资不是工人在他所生产的商品中占有的一份。工资是原有商品中由资本家用以购买一定量的生产型劳动力的那一部分"[③]。生产性劳动力正是资本主义生产体系中劳动者的位置,为创造剩余价值而存在的工具,是剩余价值的源泉,但是并不是剩余价值的分享者。作为"生产性劳动力"的劳动者即工人没有分享自身生产的商品的资格,是因为不是工人本身,而是工人

[①] 《马克思恩格斯选集》第1卷,人民出版社2012年版,第331页。
[②][③] 《马克思恩格斯文集》第1卷,人民出版社2009年版,第715页。

的劳动能力，被当作商品，由资本家以购买劳动者的劳动时间的形式去支配，并作为和生产的物质条件相结合的生产性要素。换句话说，工人在劳动、生产时不是人，而是和机器、厂房、设备等固定资产一样，以作为资本家预付的人力资本的形式存在。对于资本家来说，他购买的不是人，而是以工人劳动时间的形式呈现的劳动力。资本家购买之后在契约规定内使用工人的劳动力在机器上生产，或者机器用工人的劳动能力来生产。对工人而言，生产和劳动也不是工人的，因为其已经被资本家购买了契约规定内的劳动时间的劳动能力，在这规定的时间内劳动已经是作为商品出售给了资本家，不属于工人，也因此，劳动的结果也不属于工人，而属于资本家。那么，工人在契约规定的劳动时间内的劳动和劳动结果都不属于工人，也就意味着这些都不是工人的目的。工人为什么要签订这样的契约呢，或者说工人在契约中获得了什么，工人获得的工资是什么？工人以契约规定时间内的生产劳动交换所得的，乃是工人以及新的工人得以存在的生活资料的交换价值，即表现工人劳动力的价值。劳动力价值，这可以是一定数量的货币，也可以是资本主义早期的实物性工资，即工厂主把工厂的部分产品直接给了工人，让工人自己拿着这些劳动产品，去交换自己所需要的生活物资。不论劳动力价值表现形式是怎样的，本质上，它都是工人为了活下去而将自己的生命活动出售，被出售之后，在资本主义生产体系中的劳动对工人来说是为了活下去而作出的牺牲，他自己的生命活动不属于自身，他在生产体系中生产的产品，不论是黄金、绸缎、茶叶、面包、建筑、矿石等都不属于自身，对于工人来讲，他生产的只是维持自己及后代所需要的生活资料的交换价值。工人只有在不劳动、停止劳动的时候，属于工人的生命、工人的生活才开始，也许是睡觉，也许是吃饭，也许就是无所事事打发时间等。工人的生活也不是自然而然就拥有了的，工人为了拥有属于自己的生活而坚持不懈地与资本家进行争取标准工作日的斗争。

工人作为生产性劳动力的载体，出售自己的劳动力换到生活资料，这些生活资料用于直接消费，"资本家则拿他的生活资料换到劳动，即工人的生产活动,亦即创造力量"①。工人的生产劳动,就是被资本家用生活资料的交换价值所换走的劳动力,资本家在契约规定时间使用劳动力这件商品,即让工人去劳动,使用本属于工人的创造力量,在这种创造力量的使用中,不仅能补偿工人所需生活资料的交换价值,即工人所消费的价值,而且还使资本,即"通过交换直接的、活的劳动力"作为预付资本阶段以可变资本形式存在的资本,在购买劳动力商品的交换中,获得了对自身的持存并增大自身,也就是在生产劳动中,工人生产出的劳动产品作为商品资本比起预付资本阶段以可变资本形式存在时量更加大。

这一过程对于资本而言是资本增殖过程,对于工人而言却只是用自己的创造力交换用于直接消费的生活资料,并且在这些生活资料得以维持生计的时间内,必须同时继续用自己的劳动力来交换新的生活资料,也就是说工人"在消费的同时用自己的劳动创造新价值来补偿那些因消费而消失了的价值"②,也即只要工人消费生活资料,这些生活资料对工人来说就会永远消失,为了活下去,工人必须继续获得生存所需的生活资料,从而必须继续出卖自身的创造力量。这对于资本而言,则是维持劳动力的必需,必须不能让生活资料超出工人生存所需,一旦超出,工人就没有出卖自己劳动力的需求了。工人在交换到自己作为工人水准的生存需要的生活资料时,被迫将自己的再生产力量转让给了资本。工人自己则失去了这种力量。

可以发现,资本只有同劳动力商品交换才能增加,此时雇佣劳动随之产生。雇佣工人——为了活下去必须为资本工作的人——所拥有的劳动力,只有在它能够增加资本,即为资本主义生产的商品资本超出其以可变资本形式存在的预付资本,从而使得奴役它的权力增强时,这样的劳动力商品才能与可变资本进行交换。此时,更多的资本意味着可以驱使、支配、购买更多的劳动力,即实现工人数量和工人劳动时间的增加。现实情况是,资本家不雇佣工人,工人就没有生存的机会,同样地,资本不雇佣工人,不占有劳

---

① 《马克思恩格斯选集》第1卷,人民出版社2012年版,第342页。
② 《马克思恩格斯选集》第1卷,人民出版社2012年版,第343页。

动力创造出的以商品资本形式存在的资本,资本就会灭亡。资本为了不灭亡就必须购买劳动力,购买劳动力意味着投入生产的预付资本必须尽快转化为以可变资本与不可变资本的形式存在的生产资本,整个资本周转速度越快,资本积累越快,资本生产需要的劳动力的载体即工人就越多,需求增加意味着工人出卖自己的劳动力的价格就有增高的趋势。这样看起来,资本的利益和劳动力载体之工人的利益似乎是一致的,但其实是能够获得工作也就是获得生存机会的工人变多了,依附于资本的雇佣工人变得更多,工人阶级的队伍在资本主义生产体系中不断壮大,"资本规模的不断增大,为把装备着火力更猛烈的斗争武器的更强大的工人大军引向产业战场提供了手段"[1]。

  作为生产性存在即生产性劳动力物质载体的工人,并不仅仅是生产体系中的人,同时也作为人而存在。工人一直为自己作为人的生存而斗争,标准工作日的斗争就是为自己在生产体系之外的存在而斗争。也就是说,工人作为人,除了拥有为了生产自己的物质生活而不得不劳动的经济生活,还拥有社会生活、家庭生活,他们依靠抗争来为自己争取生产劳动以外的生活。正如马克思所言,工人"为资本家进行的强制劳动,不仅夺去了儿童游戏的时间,而且夺去了家庭本身惯常需要的、在家庭范围内从事自由劳动的时间"[2],在资本积累即资本周转不断加快,导致依附于资本的工人数量不断增多及依附程度不断加深,使得工人及其家庭全部投入了资本主义生产体系中时,不仅仅是工人家庭中的成年男子、成年女子,甚至是幼年的孩童都成为资本主义生产的劳动力载体。工人家庭内部的家庭劳动慢慢被雇佣取代,因为家庭成员的家务劳动时间被资本生产时间吸收掉了,家务劳动没有了自由劳动时间,只好以雇佣代替,于是工人的家庭生产费用增加了,一方面抵消了收入的增加,另一方面工人的生命时间更加充分地投入到资本主义生产体系中去了。

---

[1]《马克思恩格斯选集》第1卷,人民出版社2012年版,第352页。
[2]〔德〕马克思:《资本论》第1卷,人民出版社1953年版,第420—421页。

越来越多的工人、越来越多的生命时间不受控制地卷入资本主义生产体系中，那么除了直接生产以外，在不劳动的时间里人到底是如何生存生活着的？霍布斯认为市民社会是一切人对一切人的战争状态，人和人之间是分裂、对立的关系，并非现实、真实活着的，被想象的原子个人，它的基本行动、交往的原则却现实地、真实地成为人的交往准则，以这个准则进行现实交往的个人结成了现代人生活着的市民社会。这意味以现实的交往原则为基础形成的市民社会也是现实的，如同一样东西看起来是梨子，吃起来也是梨子，那它即使原本不是梨子，也已经是现实的梨子。现实的人的交往原则是原子个人的原则，结成的社会也是以此为原则的社会，那么现实的人就成为市民社会中的原子个人、经济生活中的理性经济人，但这却是人的异化的表现；所谓异化，乃是人的本质力量的对象化过程中生成了异己的、不属于人的形式，作为异化的对象以物的形式、死劳动、积累起来的劳动，即资本，不断地生产资本自身得以存在的前提基础，以保持资本自身的存在。这种类似于生物的自我保存本能的物获得了一种原始的繁殖的本能，为了资本自身存在，必须保持其出生和存在的前提条件一直存在：劳动力成为商品，实现资本增殖，使得货币成为资本。

资本，这便是市民社会中原子个人与市场经济中理性经济人的"真身"，这一原则之所以明明不是人的生存方式，却是真实地被人所遵循的交往原则，原因就在于，它确实来自人的对象性活动——劳动，但是这个劳动在特殊的历史条件下，从过程到结果都拥有了对人而言异己的、非人的形式，与人相对而立，并且转过头来拥有了支配人的力量，以资本的人格化自己和资本的代言人即资本家行使其支配权力。只要工人作为劳动的人格化不变，资本家作为资本的人格化一样不会变化，当我们说工人不是人而只是作为可变资本的载体时，资本家也同样不是人，只是资本增殖的工具人，"雇主一心搞钱，雇工辛勤劳动，除了这个，再没有时间可以干别的什么了"[①]。因此关于资本家不单独另表，那于工人而言由工人的劳动生产出的异己的、非

---

① ［德］马克思：《资本论》第1卷，人民出版社1953年版，第314页，注201。

人的存在的人格化表现就是资本家。当劳动的人获得解放和自由发展时，那异己的、非人的力量即资本人格化的资本家也就获得了从资本那里的解放，不再沦为只能在一心搞钱时才存在，而是能有时间去接受作为人的"教育"了，在这个意义上，科学社会主义中的解放道路是无产阶级通过解放自身来解放全人类。

现代资本主义生产使得人在其现实的生存方式、其本质力量的对象性活动，即劳动中，直接感受到其是非人的存在，人的本质的对象性活动仅仅是其谋生的手段，被强制、奴役的劳动只是作为资本生产的条件即资本生产中的可变资本。这个生产过程中，不是人在使用机器，而是机器在使用人，机器作为资本吮吸活劳动，只要工人还有一块肉、一丝血，作为资本的机器都不想放过。这当然会激起劳动者作为人的反抗，在工人的斗争下，工厂法得以实施，工人的斗争教育了自身，也教育了资本的代言人资本家。

对工人而言，"为了要在这条害人的毒蛇面前'保卫'自己，工人们必须把他们的头聚在一起，作为一个阶级，争取到一个国家法律，一个非常有力的社会保障，不让自己通过自由同资本缔结的契约，而在死亡和奴隶的状态下，出卖自己和自己的家人"[①]，也即是说，所谓的"不能出卖的人权"，不过是华而不实、一纸空文的名词而已，工人需要的是一个"朴实的以法律限制劳动日的大宪章，在其中，'最后明白地规定工人出卖的时间是在何时终止，属于工人自己的时间是从何时起'"[②]，工厂法的实施、争取十小时工作日斗争的胜利，只是为工人争取到不损害资本利益范围内的、有限的、局部的改善，并没有真正改变工人的生存状况。更为重要的是工人在斗争中认识到：工人必须联合起来，成为一个具有自觉的阶级意识的、"联合"起来的阶级。

对资本家而言，认识到熟练工人的再生产成本即可变资本的投入，为了资本的持续永恒存在与资产阶级的整体和长远利益，无限制地啃噬工人导致工人短时间内被消耗掉是不划算的。因为人是有生长周期的，童工虽然

[①][②] [德]马克思：《资本论》第1卷，人民出版社1953年版，第314页。

可以弥补部分成年工人过早被消耗所带来的损失,但是童工消耗的是未来的成年工人,长此以往,总体的工人将面临后继乏人的风险。作为资本代言人的资本家或者资产阶级在工人的反抗运动中"集体理性"觉醒,逐步认识到与工人的妥协、工厂法的实施、标准劳动日的订立是符合资产阶级的整体利益与长远利益,符合资本永恒存在的目的的。

在这个过程中,资本的类似于生物自我保存、自我繁殖的本能被教化、陶冶成了类似于人的理性,将自我繁殖、自我保存的本能活动的盲目性加以收敛,生成了谋划自己的永恒存在的理性能力。这种能力是来自它的创造者即人本身所具有的理性能力的,属于人的本质力量,归根到底来自活劳动,当资本吮吸活劳动,将人的本质力量对象化到物之上即人的本质力量被物化时,人的理性能力的能以物的积累的形式被吸收的部分即计算能力,理性计算,资本作为积累起来的劳动以物的积累的形式呈现,表现为机械的、量的增加,计算理性也就被资本所捕获,资本不需要的即被视作不存在。资本作为冰冷冷的物沸腾着保存持有自身的繁殖本能,无限增加自身的量以保持自身的存在。理性计算或者凡是能使其获得自身增殖的能力都是它所欲求的,而凡是阻碍它、不利于它增殖的东西都是它要去除的,合理化即是它的应有之义,将人改造成资本需要的样子,去除那些不利于资本增殖的内容,无论是在生产中不应该存在的,还是不能物化、量化、机械化的个性都应该是不存在的,福特制、泰罗制等应运而生。资本生产过程中的人按照资本需要的样子进行了裁剪,人的生产性存在在资本主义生产中实现了标准化、量化、机械化、原子化,充分向非人化的方向发展。

二、消费性存在的内涵与内在机制

同样,资本生产规定需求也是生产体系的结果。这一点使得生产过程不仅仅包括直接的生产过程,商品的生产过程只是资本增殖的一个环节,资本实现自身的存在、剩余价值的实现还需要流通过程,于生产体系中生存的人而言,生产性规定的人还有消费这个环节。从人的角度而言,消费过程是人的生存、发展等需要的满足过程，是对生活资料的消费。但是生产之生产性就表现在，不仅仅是生产过程中的人被资本当作可变资本加以吸收，人还在消费环节被资本吸收。

现代资本主义生产之生产性贯穿资本生产的全过程，流通和消费过程皆如此，进而规定了需求的本质。从资本的角度看，资本流通环节是生产环节的继续，是将生产过程中已经生产出来的剩余价值加以实现的过程。流通对人的生存而言，满足的是工人的生存需要，而不是人的需要，因为资本家与工人的契约，所支付的工人的劳动力价值所能满足的仅仅是劳动力再生产的需要，即人作为工人存在，而不是人存在的生存需要，导致工人是作为资本需要的劳动力即可变资本，而不是作为人存在于整个资本主义生产造就的工业文明之中。消费环节产生的市场经济供求关系中的需求，事实上是生产体系所规定的结果，而不是消费者自身作为人的真实需要，这便是需求的本质。

需求与人的需要、欲望的关系，就像资本作为积累起来的劳动从人的对象性活动劳动中而来一样，需求是异化的、不属于人的、非人的需要和欲望，需求真正满足的是资本增殖的需要，而不是人的生存和发展的需要。需求是以人为中介手段，满足资本增殖的需要，为资本主义生产体系的唯一目的和动机即资本增殖而服务的。在物资匮乏时代，劳动者消费生活资料，即为劳动力的再生产的过程，事实上是资本主义生产机制中，机器作为资本消耗工人。而当生产力显著提高到进入丰裕社会时，劳动者在机器代替人的生产环节越来越多的情况下，被生产过程排斥，客观上全社会的非劳动时间在增加，在直接生产领域中平均利润率随着资本有机构成提高到一定水平将不可避免地下降，寻找新的增长点是资本扩张必然要求的，意味着越来越多的人和资源卷入资本主义生产过程，世界史的展开就是这一过程中原材料供应地和商品倾销地不断扩张的过程。无论是被资本主义生产卷入的地区，还是在进入丰裕社会的国家和地区，人消费商品的过程，表面上表现为休息恢复体力、脑力，或者是享受享乐、社会地位的符号象征，或者自我发展，等等，事实上完成的是商品对人的消费，从而实现剩余价值的过程，即商品中的价值在交换中,以物的形式或者虚拟的存在形式,以等价交换的原则,将剩余价值以货币这种价值形式从具体商品中析出回到资本中,实现了资本增殖并存在的目的。

三、消费性存在与生产性存在的关系：人的需要转化为生产规定的需求

资本主导的生产生活秩序不断地将资产阶级利益、生活方式、价值理念、意识形态等塑造成社会的普遍利益、社会各个阶层共同的生活范式和主流价值观,以此获得一种"我为人人、人人为我"的美好图景,一个共同体的幻象借此被创造出来。这个共同体之所以仅仅是幻象,原因就在于人在资本主义生产体系中,事实上是被置放于生产和消费环节中被消费,劳动作为人的生存的对象性活动被生产体系所吞噬,劳动产品以商品的形式存在,人的本质力量对象化到商品中,被资本家占有用于再生产即资本积累过程中,人的本质力量不断地被对象化到资本积累过程中而无法回复到人自身。并且,资本积累过程是再次占有人的本质力量的过程,人本身的需要在资本主义生产中被定义为"需求",基于人的生存生活的需要是有限的,因为人作为一个生命体需要的能量是有限的,其精神需要的满足相对于物质需要满足更加不依赖于生产体系,甚至苛刻一点而言只有远离生产体系之处,精神才能获得喘息的空间与时间,获得生长而不是生产的时间与空间。加尔布雷斯说,"需求实际上是生产的结果",他认为,"某些需求如果没有生产本位主义根本就不会存在,企业在某种生产或服务的同时,也发明了使人接受它的各种方法,因而实际上也就'生产'了与之相对应的需求"[①]。真正的需要与人为的需要即虚假的需要在满足原则上,没有什么区别,比如,一个热衷消费的人,能够从一件新大衣或一双新鞋那里获得与一位饥饿的工人从面包那里获得的同样的满足,消费的欲望与充饥的欲望在资本主义生产体

---

① ［法］让·鲍德里亚:《消费社会》,刘成富、全志钢译,南京大学出版社2008年版,第55页。

系中具有同等的衡量尺度,甚至前者具有更大的利润空间,后者作为劳动力得以维持的基本生存条件属于被压制的需要,不是让工人饥饿,而是使得满足充饥需要的物资的价值被尽可能压低,从而降低雇佣劳动的成本。消费的欲望与充饥的欲望,在整个获得剩余价值的生产体系中,所处位置其实不同,但是总的衡量尺度在于如何获得最大化的利润,如何将人变成现代劳动力,变成生产体系需要的消费动物。

资本主义生产方式所塑造的发展图景、生活范式便是刺激人的欲望、转换人的真实需要为"需求"的动力,人们被美好舒适的现代生活范式所吸引并试图追求,但是现代社会的生产资料已经被资本归置到大大小小的资本家手中。为了追求资本家给全社会规划的通过市场可获得的标准"美好生活",人们遵循等价交换的原则,没有收入就需要借贷,为了还贷就必须去工作,于是"债务的压力和衣着的竞争"很快使得非生产体系中的人变成了"现代的劳动力","现代劳动力"很快被资本主义生产体系编织的"消费陷阱"进一步引诱为"消费动物",正如鲍德里亚所说,实际上"'需求是生产的结果'是不对的,需求体系是生产体系的产物才是正确的"[①]。

"根据需求体系,我们知道需求并不与相关的物有关,不是一个一个地生产的,而是作为消费力量,作为更大的生产力范围里总体的支配性而出现的。"[②]这意味着需求体系中的需求不是基于主体需要什么。马克思说,人是什么样的同他们生产什么和怎样生产一致,这里,生产什么是由人的需要决定的,而需求体系之需与人需要什么没有关系,而是整个生产体系、工业体系能生产什么,怎样生产相一致的,即根据工业体系的历史线索而不是人的生存发展,考察这种消费的脉络:第一,与传统的、前现代、前资本主义、前工业的完全不同的,机器大工业与自然科学技术紧密结合的生产方式,所达到的生产力水平,能够以什么规模、方式,生产什么产品;第二,现代自然科学技术生产化和现代管理科学在生产中的应用,带来的生产与流通的合

[①][②] [法]让·鲍德里亚:《消费社会》,刘成富、全志钢译,南京大学出版社2008年版,第55页。

理化进程；第三，这种生产以之为基础的雇佣劳动、自由劳动是与传统的非生产性劳动完全不同的生产性劳动；第四，作为生产体系之需求，与个体消费的享受和满足也不同，资本主义生产体系中的需求是以标签化、规模性生产而供给的，恰恰形成对单个个体与其特殊需要的否定，生产中工人的劳动力被资本家购买而进行的劳动不属于工人，其劳动结果自然也不属于工人，对于工人而言，生产的不是作为商品存在的劳动产品，而仅仅是用于交换生存资料的工资，工资的多少取决于维持工人生存即维持其劳动力再生产所需的生活资料的交换价值，生活资料的价值量在其生产过程中，随着机器大工业成为普遍的生产方式而大规模量产，总价值增加，但是单个生活资料所含价值量下降，从而使得工资出现实际的下降，工人的实际需要并不在资本主义生产体系生产商品的考量内。换句话说，不仅工人的实际需要不作为资本主义生产的目的，资本家作为人的需要同样也不成为资本主义生产的目的，前者作为生产中、作为生产资本中的可变资本存在，后者作为资本的代言人，在流通过程中，则同样都是商品的价值实现的载体，具体的商品被人所消费，商品的价值则返回到资本中去。

由此可以看出，"单个的需求并不存在，存在的唯有一种消费体系。需求不是其他什么，而是在个人层面上生产力合理体系的先进形式，消费在这里对生产进行了必要的逻辑性替代"，"需求和消费实际上是生产力的一种有组织的延伸"[①]。

人的生产和消费都是生产体系的组成，能够继续转换为利润的持续性投入的因素就剩下自然了，劳动资料、劳动对象都离不开自然，资本增殖的无限欲求通过生产，借助人与人发明创造的工具向自然索求，资本无限增殖与资源约束条件之间的矛盾现实地转换为人与自然之间的矛盾，这个过程既是人与自然对立的过程，也是人自身异化的过程，生产异化为资本的需要的生产、需求的生产，而非人的真实需要的生产。

---

① [法]让·鲍德里亚：《消费社会》，刘成富、全志钢译，南京大学出版社2008年版，第56—57页。

四、技术性存在的内涵与内在机制

从技术的视角看现代人的生存,一则面向自然,一则面向生产。自然向人敞开其自身的方式,实际也是人的本质力量以自然为对象展示、自我生产的过程。现代人的技术性存在,一方面使得人取得相对于自然的独立性,自由地展开自己的生存,另一方面,由于现代生产的资本原则即资本增殖作为生产的目的,使得技术与生产形成了对人的支配与安排。

资本以追求利润为唯一目的,资本与资本之间的竞争使得资本不断地借助科学和技术来实现对生产工具的革命。这是一个资本与技术合谋不断实现生产力革命的过程,它带来的结果是对产业的不断更新、对人的劳动的日益合理化。借助科学技术开展机器大工业的、以资本增殖为目的的生产,落实到劳动者身上,意味着人的劳动日益失去自为的性质,这个过程中技术使得劳动手段转化为自动机,成为资本的形式,在生产中支配和吸收活动劳动力。劳动手段一取得机器的形式,"它就立即成了工人自己的竞争者"[1],以科学技术生产化为催化剂建立起来的机器大工业为基础的生产,整合起社会集体劳动,撬动巨大的自然力,这三者媾和成其所有者的权力,工人的劳动成为这个体系中的可替代性工具,"体力劳动者在劳动塑形和构序的在场性直接消逝,开始转换为整个机器化生产过程的操作、看管和监督者"[2]。资本家视角中,机器相比于劳动力商品是更加重要的生产资料,机器在生产体系中取得了对人的优先地位,"劳动手段扑杀劳动者"[3]便达成了。这一生产体系中有形的机器对人的支配关系,落实到社会中人与人之间的关系上,一方面使传统社会中的各种等级、各种固定的伦理机制都消失殆尽,人们日益分化为资产者和无产者,另一方面,同时使现代社会中的人们很难再形成

---

[1] [德]马克思:《资本论》第1卷,人民出版社1953年版,第461页。
[2] 张一兵:《科学技术与机器生产对工人劳动的深刻变革——历史唯物主义的经济哲学构境》,《探索与争鸣》2022年第5期,第126—142、180页。
[3] [德]马克思:《资本论》第1卷,人民出版社1953年版,第463页。

具有伦理性质的、共同价值的新型共同体。

简而言之,资本主义生产方式以资本和技术的合谋带来了生产力的极大发展,却也使人的劳动陷入机械化和抽象化。生产以资本增殖为目的,人以生产为目的生产自身,从而实现了资本对整个社会的统治。

从人生存于自然界看,人的生存不同于其他生物的显著特征就在于,人生产自己的物质生活的同时生产着自身,这里的生产是广义上的,包括生产性生产与非生产性之生产。自然是人赖以生存的前提和基础,但是人必须自行生产自己的生活。技术一开始便与人的生存方式息息相关,制造和使用工具便是最初之技术。技术从人类生存方式与生活方式上看,一是以自身为目的,技艺或者艺术本身即可成为人的生命活动之意义,技艺施展的过程便是生命本身;一是不以自身为目的,即生产向度的,维持人的肉体生命的生物活动和生产活动。以中国古代四大发明之火药和指南针为例,在传到欧洲后,火药开启了兵器的新时代,指南针则在航海大发现中起了重要作用,两相结合为资本主义的全球扩张提供了至关重要的技术支撑,反观在发明地中国,烟花、炮仗、风水学等是火药和指南针在生活中的主要用途,兵器和航行没有成为时代主流。火药、指南针的欧洲之行是技术的典型的生产向度,而在中国古代则以技艺向度为主,技艺本身就是生存生活的意义,不假外求,没有征伐自然,将自然作为能源提供的准备之所,很长时间以来,秉持着道法自然、天人合一精神的中国文明不存在人与自然的对立,人与天地有分殊地和谐共生。

资本来到世间后,人的存在生成了与资本相适应的生产逻辑,即生产得越多越好相匹配的逻辑,占有得越多越能凸显人的存在。这样的生存方式使得从前以技术的技艺向度为约束的非生产性生产方式转变为生产性,受限于技艺的生产转而拥有无限生产力,取而代之的是资源环境约束了生产的无限性,占有得越多越有存在的意义,造成了现代人高能耗、高排放的典型生活方式,并且成为全球理想生活模板。发达国家一方面将绿色环保作为政治性实践向导,另一方面又以高能耗、高排放的现代生活方式作为其发达的象征。

在有限的资源环境约束下,科学技术成为实现突破生产得越多越好、占有得越多越好的生产逻辑或者资本逻辑的关键。科学技术的生产化使得科学技术成为第一生产力,这一过程也是历史地形成的。在技术乐观主义者们的眼中,技术是人类进步和理性控制下的一种中性工具,这种观点常被称作技术中性论或者价值无涉主义。人类发展所遇到的问题,比如粮食、能源、生态等问题,都能通过技术得到解决。"我们要在精神上操控技术。我们要控制技术。技术愈是有脱离人类的统治的危险,对于技术的控制就愈加迫切。"[1]技术中性论在日常生活世界被当作常识,如一把菜刀或一把枪,或者核能等,本身没有好坏,而在于使用者如何使用。这个论调看似合理,技术"包含着对器具、仪器和机械的制作和利用,包含着这种被制作和被利用的东西本身,包含着技术为之效力的各种需要和目的"[2],简言之,技术是人的合目的的手段和行为,这种工具性观念所规定的技术,便是技术中性论的主要根据,"一切都取决于以得当的方式使用作为手段的技术"[3]。然而,正如本章开篇提到的20世纪十大科技事故以及未在本章列举的其他事故给人类赖以生存的自然生态环境造成严重破坏,在人工智能、生物遗传等技术愈发触及生命的本质时,技术仿佛要脱离人类控制,《黑客帝国》《机械公敌》《生化危机》等一系列科幻文艺作品将技术控制人类的担忧以影视、小说形式呈现出来,技术乐观主义者们所期待的发展的问题靠发展解决,也有可能是以解决掉人类的方式作为结局。这使得人类不能停止于技术的工具性规定,必须继续追溯技术之本质。

由前文可知,资本主义生产对人的强制生产与强制消费,使得人必须为资本主义生产而去开采自然能量,自然与人之间的关系便变为生产性,迫使自然作为生产的能量库出现,即自然被安排为资本主义生产供应能量。自然作为能量库的存在,则是人通过从事技术活动将其生产出来的,现代自然科学就涌现出来了。

---

[1][3] [德]海德格尔:《演讲与论文集》,孙周兴译,生活·读书·新知三联书店2005年版,第5页。

[2] [德]海德格尔:《演讲与论文集》,孙周兴译,生活·读书·新知三联书店2005年版,第4页。

马克思在《1844年经济学哲学手稿》中强调,现代自然科学借助工业、介入工业占有大量的材料和数据,"在实践上进入人的生活,改造人的生活,并为人的解放做准备,尽管它不得不直接地使非人化充分发展"[①],"工业是自然界对人,因而也是自然科学对人的现实的历史关系"[②]。

自然如何成为工业的能量库,科学技术如何使得自然产出能源呢？近代自然科学的发展,以数学、物理学、化学等自然科学为基础工具,对自然进行描绘,著名物理学家马克斯·普朗克说,"现实的东西就是可计量的东西"[③],注意这里的可测量性,不是单纯从数字运算的意义上去理解,"对科学来说什么可以被视为可靠的认识,关键就在于在自然的对置性中被设定的可测量性,相应地也在于测量行为的可能性"[④],"广义的、本质意义上的计算指的是:预计到某物,也即考虑到某物、指望某物,也即期待某物"[⑤]。这种"可计算性"是对一切现实的对象化的计算,"无论这种对象化是以因果说明的方式来追踪原因之结果,还是以形态学的方式来阐明对象,还是确保一种序列和秩序联系的基础",哪怕是数学,也"往往通过方程式来期待秩序关系的平衡,并且因此先行预计到一个对所有仅仅可能的秩序而言的基本方程式"[⑥]。实际上就是对现代科学来说,什么是科学的问题,以及科学划界的问题。在物理学家那里"现实的就是可测量的",意味着第一,科学的研究对象是现实的,第二,科学的研究方法的特征是可测量,可以成为科学的研究对象即是可测量的,可测量的才可以成为科学的对象。而现实作为科学活动的对象,即是可测量的。海德格尔从哲学上阐释可测量性,即"对一切现实的对象化的计算",这种一切现实的对象化的计算,来自哲学的理性主义传统。

技术理性,本质上是近代哲学主体、客体二分基本建制中,知性思维方式即主体追求对客体的真理性认知。主体即以笛卡儿"我思故我在"之

---

①② [德]马克思:《1844年经济学哲学手稿》,人民出版社2008年版,第89页。
③ [法]F. 费迪耶等辑录:《晚期海德格尔的三天讨论班纪要》,丁耘摘译,《哲学译丛》2001年第3期,第54页。
④⑤⑥ [德]海德格尔:《演讲与论文集》,孙周兴译,生活·读书·新知三联书店2005年版,第53页。

"我思"那个意识主体为出发点,而客体在笛卡儿那里依靠上帝保证其成为主体的认知对象,经过休谟的怀疑主义,到康德为人类知识重建大厦之基础,人类认知对象已经不是客体本身,而是凭借理性通过表象建构的对象,康德意义上的知识已经不是客体或者世界本身存在的知识,世界本身即物自体是知性无法达到的彼岸世界。彼岸世界是人类实践理性而非知性即自然科学可以涉猎的领域。技术的价值无涉或者价值中立也自然而然有了依据,价值领域不在知性、技术理性的认知范围,价值是实践理性面对的对象,不是认知的对象。人类凭借价值无涉对技术创造出的机器大工业生产仿佛魔法一般将世界重塑,人的现实生活发生了前所未有的变化,仿佛一夜之间整个世界揭开神秘面纱,完全向人敞开,从前现代生活世界中,与自然的被动顺从关系中一下子解放出来。世界主导的自然秩序原本作为人的生活秩序模本,自然对人的规范性意义,人与自然、人与共同体的直接同一性被瓦解。

科学,现实地与工业生产相结合,进入工业生产,改进人类的实践活动——生产活动。在科学技术产业化与资本的合谋下,现代工业社会的生产本身即是科学生产化的结果,机器大工业开始,科学技术与生产就结合到一起,不断拓展认知边界占有新材料,同时促进人类生产力水平提高,一方面使得科学能获得更为先进的研发手段和设备以及新的材料,另一方面也使人类社会愈发日新月异地变化着,人的本质力量在自然身上显现,以工业史的形式独立呈现着。现代人的生活世界是充满人造物、被人造物包围着的世界,世界以技术为中介向人类展现,或者说人的生存呈现为技术性存在,人凭靠技术的方式处理与自然世界的关系。

技术与工业重新安排人的生存的空间与时间,人的生存空间按照工业生产的需要来重新安排,城市的聚集与消亡以产业需要进行配置,人与自然乡土的联系被生产性功能所取代,现代人总有月是故乡明但故乡在他乡的迷惘,回不去的故乡成为现代人普遍的生存状态。城市生活中的人以生产工作劳动为纽带,这种纽带是一种外在于人的生存的联系,人在这种联系中发生的交往遵循的是生产体系的基本守则,以职业道德为先,所谓专业的人做专业的事,这其实是分工的极端化,生活是丰富多维的,每个人在生活中呈现的生存方式也是立体多层次的,每个层面都是专业的显然不可能,职业道德在多层次的生活中自然就有了局限、僵硬和教条。人的生存时间因此被生产时间所规定,即整个生命时间,在其非劳动时间内的生命活动遵循的依然是生产劳动时间的行为准则。更重要的是,客观上,生产体系所规定的消费需求使得非劳动时间的生命活动从属于生产体系,自由时间与劳动时间一样成为生产的一个环节。人的自由休闲活动一方面可能是恢复劳动力而存在,一方面是作为生产出的商品的消费环节而存在。人的生存方式在技术和工业的媾和中被安排为技术性生产要素的形式而存在。

这种以技术的方式处理人与自然的关系,即技术地对待自然,又是如何实现的呢?考察自然的技术性存在,在于考察自然作为人的本质的对象化存在,自然的存在正是人的本质力量存在的对象化形式。正如前文所提及的马克斯·普朗克关于存在的论题"现实的东西就是可计量的东西",存在之意义即可计量性,这个可计量性不在于确定数量之多少,而在于对作为对象的存在者进行控制与统治。普朗克并非首创,这一观点早在伽利略的思想中就已经有了,如果再往前追溯,源头或可追到亚里士多德在《尼各马可伦理学》中将"运动"课题化的尝试。而对运动的课题化的意义在于,开启了将存在做成知识的路向,或者叫作概念的、逻辑的、范畴论的路向,这正是近代笛卡儿等哲学家所开辟的主体性哲学,或者叫作现代形而上学及其发展成果自然科学的路向。

变革正是在近代,对亚里士多德那个课题化的"运动"的回答得以实现。亚里士多德回答潜能存在者的隐德来希就是运动,这个规定在近代思想家笛卡儿、帕斯卡尔那里被当作笑话。因为与古希腊时期运动在人的世界呈现的是多样性统一相比,近代伽利略以来,运动只有一种方式,那就是位移,位移是空间坐标发生的变化,空间坐标标识的位置没有本质差异,这种空间是经过数字描述的几何均质性空间。以数字描述自然,这意味着自然是"被描述的"。自然能被描述,意味着自然在古代所包含的规范性意义、自身即目的的存在意义消失了,自然成了纯物质、可量化计算、可控的存在。人凭借对自然的技术性认知以及进行自己物质生活的生产,取得了对自然真正意义上的能动性生存,这种能动性生存以自然科学技术达到的对自然的客观、普遍、确定性知识为保证,追求生存的确定性。

在凭靠自然科学技术追求确定性生存的过程中,需要控制和统治活动对象,不论是认知活动的对象,还是生产实践即劳动的对象。技术性生存方式,意味着人生存的世界不再是神秘的、不可测的、有着自己目的的世界,这个世界是被自然科学技术重新建构、按照建构主体的目的而存在的,能被技术结构的即合理化的才具有存在意义,世界存在及其意义被技术理性重构,世界的神秘面纱被技术揭开,以技术的方式敞开自身,人仿佛成为新的全知全能存在,然而这样的世界是被概念、逻辑、范畴结构的,即被技术理性、知性思维、分析思维方式所描述的世界,是一个无法触碰到存在本身的、人的理性所建构的对象性世界。这个对象是通过表象被建构的,表象究竟多大程度上来自物自体,只有上帝可以保证,所以从笛卡儿开始,上帝就被请出来作为见证,见证主体之意识与客体之世界是同时存在并同步运转的。离开了上帝的保证,没有谁能确定表象与物自体有没有真实的联系。

如此建立起来的自然科学知识的真理性就也遭遇了危机。此种视角敞开的世界究竟是什么,世界的真相还是幻影?科学哲学中关于科学发展的流派,发展到历史主义,从库恩范式革命开始,科学被当作和宗教信仰一般无二,科学家们选择某个范式并不是逻辑无可置疑,而是出于各种原因选择了某种范式,并且相信这个范式对现实的解释力,在此基础上展开科学活动,即使出现"相悖"也不认为是范式有问题,而是怀疑现实本身。科学技术成为一种新的宗教神话,有人称之为"科学教"。自然科学带来的对世界的祛魅,倒过来自身成为世界的新的一层魅影,以概念的、逻辑的、范畴的形式为世界加载了一层新皮肤,这使得人对世界再也无法像古代那样有着切近的联系。世界对人而言是没有生命的物质材料的以概念的、逻辑的方式的堆积,人从自然走来并以自然为家园的那个自然消失了,人失去了来处,也失却了归处,技术理性最终给人带来了生存的无意义。

第二节 现代人生存范式哲学反思

生产之生产性,为现代人生存之根基,即现代人进行生产的物质条件。本节以历史唯物主义和唯物辩证法视角考察生产之生产性的历史意义——既是现代人生存现实之根基,也是生存变革的根基。

一、现代人生存之根基:生产之生产性

生产之生产性,简言之现代世界的原则,也就是资本的原则,它规定了现代人生存方式之经济性与技术性的基本原则。基于马克思主义视角,生产之生产性不仅仅是生产性劳动当下之现实,还包括生产性自身的否定性发展,即未来者。

(一)生产之生产性的内涵:生产劳动的物质条件

现代人进行生产的物质条件,或者说现代人通过自身的生产从而生产出、显现出现代人的生存本身,既包括人的存在的生产,也包括现代社会之生产,简言之人的社会存在的生产。现代人的社会存在的生产,在马克思主义辩证法意义上是历史性的,相对于封建的、前现代之生产而言,它将人从对人的依赖关系中解放出来,使人的生产劳动从形式上实现农奴的、奴隶的劳动转变为自由劳动,这个过程是通过以蒸汽机与珍妮纺纱机为标志的工业革命实现的;在内容上通过雇佣劳动实现从非生产性的劳动到生产性劳动的转变,即劳动力成为商品,工人向拥有生产资料和生活资料的所有者分时段出售自己的劳动力,劳动时间、劳动时间内的劳动以及劳动成果因此都不属于工人,工人为自己生产的是维持劳动力再生产,而非人的再生产所需要的生活资料,对于工人而言只能换得维持其劳动力存在所需要的生活资料,这些生活资料仅仅能够维持其作为工人以及新的工人被生产出来的量,这个量的规定是由资本主义生产生活资料的社会必要劳动时间决定的。所

以生产性劳动或者雇佣劳动的出卖者工人，在市场上以之为商品出售获得的工资不是由工人的生存需要决定的，而是维持工人存在所需生活资料的生产费用决定的，工人的生命活动只是工人能够活下去的手段，生产劳动是工人为了活下去的一种牺牲。而社会上生产资料和生活资料的所有者购买了劳动力商品，表现为工人工资的是"原有商品中由资本家用以购买一定量的生产性劳动力的那一部分"，原有商品即生产出来的生活资料的生产费用，是作为新的生产的成本即可变资本购买生产性劳动的费用，以之作为新生产周期中商品生产的生产费用核算的。在这个过程中进行尽可能大的剩余价值的生产，也就是资本家对劳动力施行尽可能大的剥削。表现为资本以积累起来的劳动，即死劳动实现了对活劳动的支配。机器大工业中，人学会了"让自己过去的、已经对象化的劳动的产品大规模地、像自然力那样无偿地发生作用"，机器大工业的劳动作为过去的劳动、已经对象化了的劳动产品，在劳动过程中支配工人的劳动。

从上述内容可以看出，生产之生产性是有特定内涵的，特指现代资本原则下的生产，前现代或者前资本主义的生产与此有着原则性的区别，即生产之生产性与非生产性是资本主义生产与非资本主义生产之别。

考察现代人生存之根基，在于运用马克思主义考察现代人之现代在历史中的位置，以及生活在这一特定历史阶段的人的生存。"人不是处在某种虚幻的离群索居和固定不变状态中的人"①，也不是抽象的放之四海自产生以来就具有共同的、现成的、给定的本质规定的人。《德意志意识形态》中讲到，人是"处在现实的、可以通过经验观察到的、在一定条件下进行的发展过程中的人"②。这里的经验不是感觉知觉中介的经验，而是人自己的现实生活过程，意识到的自己的实际生活过程，"描绘出这个能动的生活过程，历史就不再像那些本身还是抽象的经验主义者所认为的那样，是一些僵死的事实的汇集，也不再像唯心主义者所认为的那样，是想象的主体的想象活动"③。综合而言，现实的、可经验观察到的、在一定条件下进行的发展过程

---

①②③《马克思恩格斯选集》第1卷，人民出版社2012年版，第153页。

中的人,不是经验主义认识论那种与表象、概念有关的感觉、知觉,不属于认识论范畴的或者实证主义的观察,也不是唯心主义者那里由之出发的走不出自我的意识之我,即想象的主体,这个意识或者精神之主体的活动因此只能是精神或者意识在活动,即想象活动,德国唯心主义尤其黑格尔哲学恰恰是这一唯心主义达到的最高成就。马克思、恩格斯的观察,既不是实证主义或者经验主义认识论意义上的,也不是近代主体性哲学之意识的主观想象,历史既不是被抽象的事实的堆积,也不是意识的想象,而是现实的人以全部的生命力生活在世界之中的过程,即有血有肉的、在一定条件下从事实际活动的人的实际生活过程。换句话说,人是什么样的,不是设定的,不是想象的。现实的人,是在一定条件下从事实际活动,一定条件即现有的社会历史条件与社会联系即他现有的周围世界的生活条件。这活动以满足有血有肉人的需要以及满足需要的方式为主,这就是"人们生产自己的生活资料,同时间接地生产着自己的物质生活本身"[①],"个人怎样表现自己的生命,他们自己就是怎样",个人是什么样的,这同"他们的生产是一致的——既和他们生产什么一致,又和他们怎样生产一致"[②]。

因此,"个人是什么样的,这取决于他们进行生产的物质条件"[③],现代人是什么样的,同样取决于现代人进行生产的物质条件,现代人进行生产的物质条件,即现代物质生活的生产方式,也就是机器大工业与自然科学技术相结合的资本主义生产方式为主导的资本主义生产的辩证发展过程。现代人的生存方式,归根结底是由他们进行生产的物质条件决定的,现代人进行生产的物质条件即以机器大工业、科学技术生产化为基础的资本主义生产方式。

这样的物质条件不是从来就有的,也不是自然的、永恒的,而是历史的,即资本以雇佣劳动为前提,雇佣劳动又以资本为前提。资本以雇佣劳动为前提,即劳动力成为商品是货币成为资本的前提,劳动力成为商品意味着存在自由得一无所有的工人,这样的工人为了活下去而不得不将自己唯一拥

---

①②③《马克思恩格斯选集》第1卷,人民出版社2012年版,第147页。

有的财产劳动能力当作商品出售给资本家,以获取报酬用于交换生存所需的生活资料。自由得一无所有的工人不是抽象的理论设定出来的,而是现实的劳动者的生存状况,是现实的世界中以现实的手段实现的。蒸汽机和珍妮纺纱机消灭了直接将人作为商品买卖的奴隶制,改良的农业消灭了农奴制,或者用我们更熟悉的历史事件"羊吃人"圈地运动等暴力的方式,使得劳动者和他的生产资料相分离,农民被从土地上赶走,成为自由人,但失去了生存的物质条件。这样的自由民,在社会急剧变革中,跨入无产阶级行列,为了获得活下去的生活资料,自由工人将自己的劳动能力以劳动时间的形式拍卖给生产资料和生活资料的所有者即资本家。工人不属于任何人,但是他的生命时间却部分地属于这些时间的购买者。"工人以出卖自己的劳动力为其收入的唯一来源,如果他不愿饿死,就不能离开购买者阶级即资本家阶级,工人不是属于某一个资本家,而是属于整个资本家阶级"。一个并非市民社会阶级的市民社会阶级,一个戴上彻底的锁链的阶级,无产阶级作为私有财产的否定原则正在形成并壮大,无产阶级正是这一物质条件基础形成的市民社会解体的结果,它"宣告迄今为止的世界制度的解体,只不过是揭示自己本身的存在的秘密,因为它就是这个世界制度的实际解体"[①]。

绿色发展,不是倒退,不是浪漫主义地倒退回田园牧歌的生活中去,也不是止步不前停留于当下的发展水平,以维持自然的当下状态,止步不前只会令资本主义的生产方式一路狂飙,自然和人招致损害的存在会继续加剧。必须扬弃近代以来,尤其是现代工业文明在科学和技术的作用下、以市场经济为杠杆,征服自然追求物质欲望的无止境满足的非人化的发展。但尽管是非人化的发展,客观上其对封建等级制度的瓦解,对生产力与科技的推动也还是真实的。生产性劳动即雇佣劳动使得货币转化为资本,在前现代向现代工业文明的过渡中起了关键性作用。

生产劳动是人类社会一刻也不能停的活动,并且这一活动使得人与其他动物相区分。作为人的本质力量对象性活动,在分工出现时,从事劳动的

---

① 《马克思恩格斯选集》第1卷,人民出版社2012年版,第15—16页。

个人，其现实生活过程中的主要活动创造性活动之劳动与劳动创造出的物质生活条件开始呈现不一致，脑力劳动与体力劳动的分工形成了劳动创造的物质生活条件并不是劳动者所享有。到机器大工业时代，劳动者的劳动给劳动者创造出非人的生存方式——资本所需要的会说话的机器。《资本论》中详细阐明了资本主义生产方式怎样从封建社会手工业的简单协作，到工场手工业的工厂内协作生产出了机器，为机器大工业准备了机器和熟练工人，机器大工业的发展中越来越不能忍受生产机器的工场手工业的限制，最终突破了母体的束缚，实现了机器生产机器的社会化大生产模式的建立。这个过程正是生产的非生产性向生产性转变的过程，当中既有自然科学介入工业发展、实现生产工具的变革即机器大工业对工场手工业的取代，也有劳动者以生产性劳动将自己生产成为雇佣工人，最终建立起资本主义生产性体系，达成资本对社会的控制权，使人的生存方式从传统走向现代，科技生产化逐步提高生产力，部分地区的社会迈入丰裕社会。机器扑杀了生产过程中的劳动者，但是人并没有从生产性中解放出来，生产性带来的另一重规定，从属于生产的消费性使得人的欲望与需要转变为商品生产所定制的需求，每个个体标榜的个性被生产性高度标签化、定制化，人成为消费动物，不再有对象，人以消费得多、占有得多为生存意义，人的生存方式的消费性与生产性使得人的所有时间与空间被资本所侵吞，能否以及如何从这样的生产性中走出来，成为现当代每个个体所面临的悖论。

生产之生产性即社会生产自身与人作为社会存在体的自身生产，这种生产正是黑格尔哲学里劳动的形而上学本质，也是力图把握资本主义经济运行规律的古典政治经济学所表述的资本主义生产，同时这也正是马克思主义所批判的资本主义经济制度。

现代人生存于其中的现实，生活中的现实是人的自身生产与社会的生产，精神中是与这种社会现实相适应的意识形态也就是当代意识形态，即当代的理性、当代的虚假观念，如原子个人、理性经济人假设等。

从物质生活的生产角度看，现代人生存方式是历史地形成的，从以人的依赖关系为基础的社会自身的否定发展为以物的依赖为基础的现代人的生存方式。

(二) 生产之生产性的思想根基：现代形而上学及其发展成果现代自然科学

现代社会之现代，一是现代化进程，二是现代性。前者主要是物质生活的生产方式，机器大工业与自然科学技术相结合的资本主义生产方式；后者从哲学上来说，本节主要指的是现代形而上学，或者笛卡儿等思想家以"我思"之意识为出发点的主体性哲学。

本节"生产之生产性"一词的含义主要出自两处。一个是马克思的批判意义上的资本主义生产机制，一个是海德格尔的存在主义基础批判意义上的现代形而上学机制及其经济现实。

生产之生产性，在马克思主义视域下，不仅是现实的资本主义生产机制，同时包括资本主义不可克服的基本矛盾所蕴含的现实的革命化，"对共产主义者来说，全部问题都在于使现存世界革命化，实际地反对并改变现存的事物"[①]，便是包含了生产方式与意识形态两方面的否定性或者辩证性发展。

需要澄清一点：在马克思那里，生产之生产性恰恰是作为批判对象的现代社会的现实以及要使其革命化的现实。马克思以革命的辩证法批判资本主义社会经济制度的副本之政治经济学，揭露资本主义制度运行的内在规律与基本矛盾，为科学社会主义奠基作了理论准备。马克思将哲学作为人类解放的精神武器，"哲学把无产阶级当做自己的物质武器，同样地，无产阶级也把哲学当做自己的精神武器"[②]。

但是在海德格尔那里，却将马克思的批判对象当作了马克思主义的整个理论基础，这个错位原因有很多，其中一点就是20世纪20年代《1844年经济学哲学手稿》等一批不曾公开的文本发表，当时西方马克思主义者纷

---

① 《马克思恩格斯选集》第1卷，人民出版社2012年版，第155页。
② 《马克思恩格斯选集》第1卷，人民出版社2012年版，第16页。

纷转向了对马克思主义的人道主义的阐释。西方马克思主义作为对马克思主义的解释与理解,被海德格尔当作了马克思主义本身的思想,这也是有可能的。

然而即使有如此的错位,海德格尔依旧对马克思主义评价颇高,在《晚期海德格尔的三天讨论班纪要》中记录了"现今的'哲学'满足于跟在科学后面亦步亦趋,这种哲学误解了这个时代的两重独特现实:经济发展与这种发展所需要的架构","马克思主义懂得这双重现实"。满足于跟在科学后面的、现今的、所谓的哲学,不懂这个时代的双重独特现实,但是马克思主义懂得这双重的现实,因此这才有了对话的基础,海德格尔认为马克思主义是值得对话的,另外那些所谓的哲学压根不懂这个时代,达不到与他对话的层次。两位思想家对时代的把握,即使在这奇妙的错位中也依然有共识,达成了对话的基础:经济发展与这种发展所需要的架构,是这个时代两重独特的现实。这是海德格尔要批判的,同时事实上,也是马克思主义批判且要改变的现实。

海德格尔对马克思的改变世界与解释世界的那条纲领提出了疑问,认为改变世界与解释世界是相互的,不存在对立,每一个解释都已经在对世界进行改变了。因为解释于海德格尔而言是一种真正思的事业,而对世界的每一个改变又都是在把一种理论前见预设为改造世界的工具。海德格尔继续追问改变世界究竟是哪一种,其认为马克思是把改变落在了生产关系的改变上,而生产是在实践中,实践则又是通过某种理论被规定的。到此,海德格尔的设问达成了他预期的闭环,即他对马克思主义仍然属于现代形而上学的基本建制的判断达成了。因为从哲学上看,实践与理论正是现代形而上学二元结构的一个典型表现。而且"这种规定实践的理论将生产的概念塑造为对人的(通过他自身的)生产,即生产性生产"[1]。据此,海德格尔认为马克思具有一个关于人的理论想法,一个预先设定了抽象本质的人。

---

[1] [法] F. 费迪耶等辑录:《晚期海德格尔的三天讨论班纪要》,丁耘摘译,《哲学译丛》2001年第3期,第53页。

但我们可以从《德意志意识形态》中发现，马克思非常清晰地阐明了他和恩格斯谈及的、作为历史的前提的人，"我们的出发点是从事实际活动的人"①，历史从现实的前提出发，他的前提是人，"从现实的、有生命的个人本身出发"，但这个人"不是处在某种虚幻的离群索居和固定不变状态中的人，而是处在现实的、可以通过经验观察到的、在一定条件下进行的发展过程中的人"，"描绘出这个能动的生活过程，历史就不再像那些本身还是抽象的经验主义者认为的那样，是一些僵死的事实的汇集，也不再像唯心主义者所认为的那样，是想象的主体的想象活动"②。这些表述明确地呈现出马克思的作为历史前提的人，是没有抽象的预设的，而恰恰是前概念的、前理论的，首先是现实生活着的人，这样的人"怎样表现自己的生命，他们自己就是怎样"③，"他们是什么样的，这同他们的生产是一致的——既和他们生产什么一致，又和他们怎样生产一致"④。如此，人通过他自身的生产，在此意义上就不是理论的预设而是人们的现实生活过程，这就是社会存在。

海德格尔说，"马克思以他的方式颠倒了黑格尔的观念论，这样他就要求基于存在先于意识的优先地位"，这个颠倒仿佛是马克思预设了意识与存在，然后谈论这两个概念的关系，如同黑格尔哲学中预设了开端，由此展开他的哲学。马克思如此谈及意识，"意识［das Bewusstsein］在任何时候都只能是被意识到了的存在［das bewusste Sein］，而人们的存在就是他们的现实生活过程"⑤。马克思在这里借了德语特有的表达去除了意识与存在的二元对立的理论思维模式，海德格尔在《存在与时间》的存在主义基础批判中也用过类似的表达。按照现象学和以现象学为基础的存在主义的观点，即非常典型的"回到事情本身"的、以破除传统形而上学的二元对立的理论思维模式为己任的存在主义。当然马克思并不曾打算发展出自己的理论体系，他的目的在于改造世界，一经发现新的世界观立马就用到他的政治经济

---

① ⑤ 《马克思恩格斯选集》第1卷，人民出版社2012年版，第152页。
② 《马克思恩格斯选集》第1卷，人民出版社2012年版，第153页。
③ ④ 《马克思恩格斯选集》第1卷，人民出版社2012年版，第147页。

学批判中去了。①

海德格尔认为,"对于马克思来说,存在就是生产过程"②,并且"这个想法是马克思从形而上学那里,从黑格尔的把生命解释为过程那里接受来的。生产之实践性概念只能立足在一种源于形而上学的存在概念上"③,这里需要注意,海德格尔、黑格尔的实践性概念是个有着悠久哲学传统的概念,承袭自亚里士多德,理论的和实践的二元对立、整个近代形而上学的道统源自欧洲人的精神家园古希腊文明。海德格尔接着就对这个传统进行了溯源,对当今的理论与《尼各马可伦理学》中的理论进行了区分,"当今的理论是什么,纲领化,纲领是对一个规划的展示,预先确定和告知"④。

这个"当今的理论"主要指的是20世纪,包括但不限于科学哲学的工作,科学哲学中历史主义倾向的拉卡托斯为了解决波普尔证伪主义与库恩历史主义的冲突,提出了科学的发展就是新旧科学研究纲领的更替。然而现在即20世纪哲学的核心议题已经不是这个问题了,现在的问题是人的历史性的存在,如何在他们的现实生活处境中产生出一种观念形态,这种观念形态叫作科学。要对近代笛卡儿开始的主体即意识,作本体论或者存在论批判。现代的核心问题是意识的存在论问题,而不是主体和客体的问题。伽达默尔作为海德格尔的学生,在其《20世纪的哲学基础》一文中有过与他的老师类似的表述,"自那时以后,许多人都开始认为追问主体如何达到对所谓'外部世界'的知识是荒谬的、陈腐透顶的。海德格尔把坚持提出这类问题的现象称为真正的哲学'丑闻'"⑤。

作为被海德格尔认为有资格进行对话的马克思说过,"如果没有工业和商业,哪来的自然科学"。而科学哲学则仍旧致力于规范标准的讨论,即主体如何达到对客体的认识,科学问题致力于主体如何达到对对象的科学认知,科学哲学的问题还停留于形而上学基本建制内。如果对号入座的

---

① 《马克思恩格斯选集》第2卷,人民出版社2012年版,第2页。
②③④ [法]F.费迪耶等辑录:《晚期海德格尔的三天讨论班纪要》,丁耘摘译,《哲学译丛》2001年第3期,第53页。
⑤ [德]伽达默尔:《哲学解释学》,夏振平、宋建平译,上海译文出版社1994年版,第118页。

话,科学哲学正是海德格尔前面所提到的"跟在科学后面亦步亦趋的所谓哲学""真正的哲学'丑闻'"。马克思在《德意志意识形态》中谈到费尔巴哈经常诉诸自然科学的直观,但是如果使得这种直观成为可能的感性活动,哪怕只中断一年,费尔巴哈的整个直观能力包括他自身的存在就都没有了,"费尔巴哈特别谈到自然科学的直观,提到一些只有物理学家和化学家的眼睛才能识破的秘密",但是"如果没有工业和商业,哪里会有自然科学呢?甚至这个'纯粹的'自然科学也只是由于商业和工业,由于人们的感性活动才达到自己的目的和获得自己的材料的","这种活动、这种连续不断的感性劳动和创造、这种生产,正是整个现存的感性世界的基础","它哪怕只中断一年,费尔巴哈就会看到,不仅在自然界将发生巨大的变化,而且整个人类世界以及他自己的直观能力,甚至他本身的存在也会很快就没有了"。[①]

因此,20世纪哲学问题的核心不是主体和客体,而是感性活动即人们的实际生活过程。马克思强调,意识在任何时候都是被意识到的存在,包括自然科学直观,这一被设想为最中性、最客观、最抽象、最不受时代条件限制的东西。自然科学被想象为一个纯粹主体对于一个纯粹客体的正确把握,这种想象正是现代形而上学的独断论。

而按照海德格尔的看法,意识或者观念乃是此在在世的一种状态,在马克思那里意识是被意识到的存在,"人们的存在就是他们的现实生活过程"[②],核心问题是人们现实的生活过程,而不是抽象的主体和客体。

科学哲学从古典归纳主义开始发展的实证主义原则,被波普尔的证伪主义挑战,随后出现了历史主义学派,以库恩为代表,并且库恩之后科学的进步发展理论大多追随库恩。所以通过库恩这里科学哲学透出的种种迹象,我们对那个时代科学哲学的发展也就能窥见一斑。

库恩坚决反对规范讨论,认为"缺乏精确的定义是范式的本质"[③]。库

---

① 《马克思恩格斯选集》,人民出版社2012年版,第156—157页。
② 《马克思恩格斯选集》,人民出版社2012年版,第152页。
③ [英]阿兰·弗朗西斯·查尔莫斯:《科学究竟是什么》,鲁旭东译,商务印书馆2018年版,第129页。

恩将范式当作"协作和指导在范式范围内工作的常规科学家群体'解难题'的活动"①，并且指出"解决问题的尝试越来越多且越来越彻底，……常规科学家开始进行哲学和形而上学的争论，并且试图依据哲学论据为他们的创新辩护"②。要知道，近代科学开端的归纳主义、实证主义一直到逻辑实证主义，持续致力于一件事情，就是力图将形而上学、哲学的问题从科学领域清除出去，而常规科学家们已经枉顾前辈们艰辛的澄清科学、纯化科学的努力了，科学的规范性标准确实从各个方面都被历史原则洞穿了。

另外解题即为科学基本的研究活动，发现问题③或者提出问题④，最终解释问题的机制或者解决问题，这正是在康德哲学中的知性科学的特点，也是黑格尔所区分的、与思辨的理性相对的那个知性。在康德、黑格尔对理性区分的这个意义上，科学也是知性思维发展的结果，当然康德那里没有思辨的理性，二律背反的问题由费希特以为彻底解决的方式完成，最后还是要在黑格尔的绝对精神那儿得到解释。而黑格尔因为体系的庞大，其思辨的、整体性的、哲学的思维方式经常无法被知性思维理解，那是另一个问题了，此处按下不表。

库恩描述的科学进步中，"当某个科学家共同体开始遵循某个单一范式之后"⑤，便从前科学阶段进入常规科学阶段，范式被"某个特定的科学共同体的成员接受"，在范式内展开科学活动。在这个过程中，"常规科学家必须预先假设，一个范式为出现于它之中的难题准备了各种解决方法，解题失败会被认为是科学家的失败而非范式的失败，被当作'反常'而非对范式的

---

① [英]阿兰·弗朗西斯·查尔莫斯：《科学究竟是什么》，鲁旭东译，商务印书馆2018年版，第128页。
② [英]阿兰·弗朗西斯·查尔莫斯：《科学究竟是什么》，鲁旭东译，商务印书馆2018年版，第187页。
③ 发现问题，意味着科学活动的起点在于观察，是归纳主义、实证主义、逻辑实证主义一派的基本观点。
④ 提出问题，是波普尔为代表的证伪主义一派所认为的科学的起点。
⑤ [英]阿兰·弗朗西斯·查尔莫斯：《科学究竟是什么》，鲁旭东译，商务印书馆2018年版，第127页。

否证,因为常规科学家一定不愿对他们在其框架内工作的范式加以批评"①,"当一种全新的范式出现并吸引越来越多的科学家拥护,原来那问题百出的范式就被放弃,'危机'随之解除了"②,这种连续不断的变化就构成了库恩的"科学革命"。

从简单的对库恩范式革命过程的描述,可以发现库恩的科学革命具有非常强烈的非理性色彩,并且将问题引导到社会生活当中去了,比如"亚里士多德相互联系的透明天球的宇宙本来是井然有序和完美充实的,但彗星却给它带来了问题"③,"如果反常对于某种紧迫的社会需要来说很重要,那么它们也会被看成是严重的",就像"哥白尼时代,从需要历法改革角度看,那些困扰着托勒密天文学的问题是很紧迫的"④。

同时,库恩的范式革命中,科学在这个时代已经没有什么优越性了,只是当时那个时代的"流行神话",科学与神话没什么区别,只是因为社会历史条件变了,时代相信科学了,大家都相信科学了。"一部分作为个体的科学家,从对一种范式的忠诚转向了对另一种与之不相容的范式的忠诚,库恩把这种变化比作'格式塔转换'或'宗教上的改革'","没有纯粹的逻辑论据可以证明一种范式比另一种优越","科学家个人的决定将取决于他或她对不同因素的优先考虑","这些因素将包括诸如简单性、与某种紧迫的社会需要的关系、解决某种特别问题的能力,等等"。⑤

此时科学的规范性标准已经千疮百孔了。费耶阿本德的《反对方法》主张反对方法怎么都行,认为没有普遍的方法、没有任何方法能穷尽诸多可能性,科学中的一些方法和标准有可能因科学不同而不同,反对"存在着一种普遍的非历史的科学方法"⑥。同属历史主义倾向的拉卡托斯指责库恩把

---

① ② [英]阿兰·弗朗西斯·查尔莫斯:《科学究竟是什么》,鲁旭东译,商务印书馆2018年版,第128页。

③ ④ [英]阿兰·弗朗西斯·查尔莫斯:《科学究竟是什么》,鲁旭东译,商务印书馆2018年版,第133页。

⑤ [英]阿兰·弗朗西斯·查尔莫斯:《科学究竟是什么》,鲁旭东译,商务印书馆2018年版,第136页。

⑥ [英]阿兰·弗朗西斯·查尔莫斯:《科学究竟是什么》,鲁旭东译,商务印书馆2018年版,第187页。

科学当成与神话没有区别的存在,科学被当成了暴民心理学,范式变革过程没有逻辑可言,范式变革实现靠的是接受新范式的科学家数量越来越多。就像哥白尼的理论被接受或拒绝可能是因为其包含历法改革的可能性,可能是因为数学上的简单性,但也可能是因为某位科学家因沉浸于地球力学而认识到哥白尼理论对地球力学提出的问题,使他未能采用哥白尼理论,甚至可能因为宗教的理由而拒绝哥白尼理论。[1]

科学哲学自己的发展也在瓦解自己的命题,这与科学20世纪的发展也有直接关系,不确定性、混沌理论、量子纠缠、薛定谔的猫等,大众虽然不明白物理学问题本身的内容,但是所有人都意识到了科学的发展从追求规范性、精准性、确定性走向了自己的反面。科学哲学领域作为对科学亦步亦趋的追随者自然也将现实科学发展的内容纳入自身。

规范性标准原本是在现代形而上学的主体、客体的基本建制内进行讨论的。而对于主体客体,"没有人比德国唯心主义更清楚地知道,意识和它的对象并不是两个相互分离的世界"[2],需要注意,清楚这一点的是谢林和黑格尔,康德和费希特是标准的二元论者或者主观主义者,谢林创造出一个同一性哲学来表达意识与客体事实上是同一事物的两个方面。"任何把它们区分成纯主体和纯客体的做法都是一种独断论"[3]。

海德格尔将马克思的思想理解为一个关于人的理论想法,这种理论将生产的概念塑造为对人的通过他自身的生产,因此认为对于马克思来说,"存在就是生产过程"。其理论的想法来自黑格尔形而上学的存在概念,即存在论的范畴的路向,把存在做成知识的传统,这个传统是古希腊鼎盛时期从苏格拉底、柏拉图一直到黑格尔所完成的,黑格尔的《精神现象学》最后一篇名为"绝对知识",黑格尔的理论是完成了的柏拉图主义。海德格尔借着他断言的马克思"存在就是生产过程",认为就此揭露了马克思的形而上学本质。生产之实践性,遭遇了理论与实践的狭隘联系。

---

[1] [英]阿兰·弗朗西斯·查尔莫斯:《科学究竟是什么》,鲁旭东译,商务印书馆2018年版,第136页。

[2][3] [德]伽达默尔:《哲学解释学》,夏振平、宋建平译,上海译文出版社1994年版,第118页。

如何理解理论呢？在当今，科学哲学作为围绕主体与客体关系的形而上学之理论，沉思真理作为生命意义的内涵。亚里士多德的《尼各马可伦理学》中，理论是人类活动的最高形式，是人对真理的沉思，自身即目的，由此它也是人的生命活动中最高的实践。生产是人维持肉体生命的生物活动和生产活动，实践则是面向人与人之间的伦理的和政治的生命活动。理论与实践的共同点在于都以自身为目的，而生产则不然，生产的目的在于生出的结果，不以自身为目的。现代社会的两个趋向扭曲了理论与实践的关系，一是实践与生产的模糊化，以生产作为人类最基本实践形式而取代实践本身；一是理论与实践的狭隘对立，即在现代形而上学领域内的对立，近代以来意识与意识的对象世界相分离的，以"我思"的"意识"之我为出发点的主体性哲学、现代形而上学基本建制下，理论与实践的对立。前者即生产之生产性或者生产之实践性，后者为存在论的知识论路向，也可称之为现代形而上学、主体性哲学，即将存在做成知识的企图，尽管这种企图总是因为主客二分而无法获得绝对性。

生产时代的生产形而上学，把社会设想为社会性生产，当今行统治的就是人的自身生产，与社会的自身生产。生产以及隶属于生产的消费，第一是生产，整个近代以来的经济生活一个恰当的表述就是生产，由生产衍生出来的结果是隶属于生产的消费，当今之思想就是每个人是这种生产以及隶属于生产的消费的人。

国民经济学表述了异化劳动，但生产之生产性不等于异化劳动，而是异化劳动与异化劳动的扬弃。马克思对生产之生产性的批判性，体现在从早期《1844年经济学哲学手稿》中的异化劳动和私有制的扬弃，到《德意志意识形态》中的消灭劳动；从着手政治经济学批判工作的文本，如《雇佣劳动与资本》关于生产性劳动、《1857—1958年经济学手稿》关于人的自由全面发展、《1861—1863年经济学手稿》中资本自我增殖的剖析，以及《资本论》第四卷"关于生产劳动和非生产劳动的理论"等论述当中，可以发现，海德格尔认为马克思停留于现代形而上学基本建制，而无法走出生产性是不妥当的。现代资本主义生产、资本增殖的生产、雇佣劳动，这种生产劳动正是马克思所致力于批判的焦点,通过对这种生产之内部规律,也即其内部不可克服的基本矛盾的揭露与批判性分析,找到通向走出资本主义生产的途径,并且为此找到了变革现实的物质力量——无产阶级。

二、生产之生产性的辩证发展

马克思在《政治经济学批判》序言中自述其政治经济学研究经过时谈及社会变革,提醒人们注意,"一是生产的经济条件方面发生的物质的、可以用自然科学的精确性指明的变革,一种是人们借以意识到这个冲突并力求把它克服的那些法律的、政治的、宗教的、艺术的或哲学的,简言之,意识形态的形式。"我们对现代人生存方式的根基进行反思时遵循同样的理路:生产之生产性怎样现实地从非生产性转变而来,又能否走出生产性——生产之生产性的辩证发展历程,以及这一辩证发展历程中人的生存理念即精神样式的变革。

(一)非生产性与生产性

"个人怎样表现自己的生命,他们自己就是怎样","他们是什么样的,这同他们的生产是一致的——既和他们生产什么一致,又和他们怎样生产一致"[1],"个人是什么样的,这取决于他们进行生产的物质条件"。各民族之间的相互关系取决于每一个民族的生产力、分工和内部交往的发展程度。

前现代社会中,人为了活下去,必须生活在社会中,其生产劳动一定是共同而非个人的,共同劳动形成的生产力,同时也形成了能与之相适应的生产关系。这一时期,人的生活交往以家庭、血缘、宗法的关系,形成维系共同体存在的伦理道德,保证个人所在经济单位的生存,从而保证其作为人在自然界中的生存。这一时期的共同体是以家庭、宗族等为纽带形成的实体性共同体,形形色色的封建羁绊使得这个共同体维持了其实体性存在。

---

[1] 《马克思恩格斯选集》第1卷,人民出版社2012年版,第147页。

人与自然的关系在其生产力基础上,显示出原初的天人合一、和谐共生的关系。这样的和谐共生关系在劳动对象的直接性上体现出直接的同一性。人从自然中来,其生存发展受制于自然。从生产工具划分的旧石器时代、新石器时代可知,这时的社会生产力水平低下,人获取生存资料的方式,是借助简单粗糙的石头制造出的工具,生存实践更多凭靠人自身的天赋能力。自然在依靠简单劳动维持生存的人类面前神秘又强大,人的存在在自然面前弱小而卑微,人类敬畏大自然,同时以自然为自己的直接生存发展条件。这一时期,人的生存是朝不保夕的挣扎,自然相对于人而言是拥有高位的存在,可以不那么确切地说,人的事情天做主。

原始生产发展到农业生产阶段,人的生产以自然与人自身的生存需要为限度,人的生存需要本质上就是自然的需要,因此之故,生产呈现的乃是非生产性,自然对人而言是要遵循、遵从的。不论在西方文明的精神摇篮古希腊思想那里,还是中国古代思想中,自然本身意味着生生不息,带有自身的目的性并具有规范性意义,人追求有秩序的、和谐的生存,发现自身在自然、在宇宙中的位置,并按照这个位置应该遵循的法则去行事。古希腊、古罗马神话故事中的诸神谱系,正是西方文明早期人在自然中追寻的秩序。中国古代思想中则追求天人相分基础上的天人合一:"故道大,天大,地大,人亦大。域中有四大,而人居其一焉。人法地,地法天,天法道,道法自然"(《道德经》第二十五章)。"诚者,天之道也;诚之者,人之道也"(《孟子·离娄上》)。"唯天下至诚,为能尽其性;能尽其性,则能尽人之性;能尽人之性,则能尽物之性;能尽物之性,则可以赞天地之化育;可以赞天地之化育,则可以与天地参矣"(《中庸》第二十二章)。自然对于人不是外在的,而是人自身生存的本质追求。

非生产的时代,或者说非生产之生产性占主导地位的时代,人所从事的技术对自然没有进攻性。催逼着、压榨着自然,使得自然作为生产的能源库是现代社会的产品。这样的情况下,以往的生产也能叫作生产,但是其含义是不同的,在此意义上,中国传统的技术被叫作技术是不准确的,因为中国传统的技艺不包含对自然的压榨、征伐,相反中国的建筑乃至生产等处处强调与自然的和谐、以自然之美为美,巧夺天工是对技艺的最高褒奖。同样地,火药与指南针在中国古代与其传播到欧洲,是截然不同的发展向度:烟火炮仗与风水堪舆,对比枪炮战舰与航海殖民,非生产性与生产性的典型对比,两者在自然观上、在生产的目的上、在对生存意义的领会上,所建立的社会、伦理、文化等截然不同。

具有生产之生产性的社会脱胎于以人的依赖关系为基础的社会,"资本首先是在历史上现有的技术条件的基础上,使劳动服从于自己,因此没有直接变更生产方式",工场手工业为资本主义生产的过渡阶段,机器从工场手工业中被制造出来,发展的机器大工业完成了对过渡阶段的否定,生产性生产建立起一切皆可商品化的社会,将人从非生产性存在转变为生产性存在。不仅劳动力成为商品,而且"资本主义发展到一定程度,要求资本家能够用他的全部时间,作为资本家,作为人格化的资本家,来占有并统治别人的劳动,并售卖这种劳动的产品"①。

由此可见,生产与非生产是有原则区别的。生产之生产性,是资本主义生产系统中的生产所独有的,在其价值意识形态表达上,有浓厚的生产的形而上学理解,浸润着主体性哲学的理念背景。对于前资本主义时代而言有其进步与合理性,马克思也是承认资本主义在人类历史中的进步作用的,但是对马克思而言,这种历史进步也是建立在批判的基础上的,即资本主义生产的进步与合理性是建立在对封建传统生产的解放与发展上、建立在处于生产中的主体即劳动者获得了形式上的自由的条件上的。而生产性生产即资本主义生产在事实上使得劳动者陷入"自由的一无所有"的生存境地,相比较传统生产体系中的农民和奴隶,"自由工人自己出卖自己,并且是零碎地出卖。他每天把自己生命中的8小时、10小时、12小时、15小时拍卖给出钱最多的人,拍卖给原料、劳动工具和生活资料的所有者,即拍卖给资本家,……工人不是属于某一个资本家,而是属于整个资本家阶级"②。因此之

---

① [德]马克思:《资本论》第1卷,人民出版社1953年版,第321页。
② 《马克思恩格斯文集》第1卷,人民出版社2009年版,第716—717页。

故,在马克思这里资本主义生产是批判的对象,生产之生产性,作为现代资本主义世界的原则,即资本的原则,在现代化进程中,对生产的积极的历史性意义应当加以肯定,但是需要注意的是这是有条件的,需要辩证地加以肯定与批判,认清它是向扬弃私有财产、扬弃雇佣劳动的意义上发展生产,是向社会主义、建构人与自然生命共同体的过渡阶段,绝非永恒,更不是人类发展的终点。

(二)生产之生产性的形成

现代资本主义社会一方面宣称以自由为原则,另一方面又把自由原则落实为私有财产关系。以私有财产为中介,资本不仅统治着市民社会,还吞噬了家庭和国家,从而带来资本对人的统治、人对人的奴役。工人只有作为工人才能生存,不断地被生产出来。人的自由被落实为财产的自由,现代以货币形式表现的财产,在现实的人的生存中表现为虚无,货币和水来到荒无人烟的沙漠,能够使人存活下去的是水而不是货币。生产抽象价值,并以此成为现实的人的自由,现实的人的生存因为归结为货币而走向虚无。虚无有两种表现:生产积累的财富以资本的形式存在;一种异己的、非人的、支配人的力量,社会化生产所创造的巨大力量被认为是不属于人的。在此基础上,人的生存异化为经济性存在,唯利是图、自私自利成为活动原则,人与自身、与他人、与自然处在对立分裂关系中。

自然和人成为资本主义生产的生产条件,这一体系中,人和自然都失去了自身存在为我的存在之"我",变成了资本,成为资本的存在。人和自然从有变成了无,而本该是创造性活动的劳动,从人的自然的本质和自然的人的本质的过程,变成了资本的生成的过程。人和自然作为资本增殖的生产条件存在,这个生产体系越是增长、越是生产,越是剥夺人和自然的本质力量。自然是作为耗材,而不是与人的生命共同体的存在,这样的认知理念直接导致保护自然环境的行动始终行驶在资本主义生产的轨道上,自然的存在意义在资本主义生产体系中,就很难获得根本性转变。

这一转变是在劳动异化的基础上实现的,劳动作为人的本质力量的对象性活动,联合起来生产的力量是异己的、非人的力量。无论劳动者还是资本家,都以资本的增殖为目标,普通劳动者作为直接生产者,其劳动和产品都不属于他。异化劳动条件下,劳动能力作为劳动者唯一拥有的财产,当劳动力在市场中被当作商品出售时,是与其他种类的商品相对而立的。

普通劳动者生活资料的非生产性,导致劳动者需要持续不断地去工作,为了生存物资的交换价值,出售自己的劳动力,按照契约精神,自由平等地签订出售自己劳动力的合同,但是这种自由平等的人权只在合同签订之前存在,一旦契约成立,工人就发现他并不是"自由的当事人"[①]。当工人越来越只能靠出售自己的劳动力维持自己的生存时,工人作为生产性劳动力的载体雇佣工人便也被工人自己生产出来了,资本通过生产生产出了自身。

生产性之素描:第一,生产的无限性,以生产定制人的欲望和需求,以增殖为目的。第二,生产的无限性所需要的条件:生产力和劳动力源源不断,工人与失业工人对资本都是必需的存在。第三,工人出售自己的劳动力之后,发现他并没有不卖的自由,工人从整体上隶属于资本家,不是某一个资本家,而是必须向资本家出卖自己的劳动力换取生存的机会。第四,劳动时间上,契约一经签订,资本家会尽最大可能压榨工人的生命时间,工人的休息与家庭都成为资本吞噬的时间与空间,工人必须通过斗争,争取标准工作日法案划定停止工作的时间,从而夺取属于工人自己的时间,资本"在还有一块肉,一根筋,一滴血可以让它吸取的时候,也决不会放手"[②]。工人在自己的劳动时间的劳动只是工人的谋生手段,以自己唯一的财产交换工人所需的生存资料,在消费获得的生活资料的同时,必须生产出自己消费的生活资料以及高于这些生活资料的价值,这不是自由平等之契约,而是资本家凭借对生产资料和生活资料的占有实现了对工人唯一财产的使用价值的占有,从而获得资本源源不断的增殖。

工人在这样的生产体系中实现了极端的异化,资本家作为资本的物化

---

① [德]马克思:《资本论》第1卷,人民出版社1953年版,第313页。
② [德]马克思:《资本论》第1卷,人民出版社1953年版,第314页。

一样也是野蛮粗暴的存在，拥有财产但不是享受为目的，不是自我发展、自我实现为目的，一旦试图脱离资本生产，就会遭到其他资本的吞噬，失去资本代言人的资格，同时失去了在资本主义生产体系中的存在，在社会中失去权利的凭证，即私有产权原则中的市场经济原则。

所以工人与工人之间为了生存竞争，是为了活下去的机会，以劳动力换取生存资料的机会，资本家之间是财产和财产、资本和资本的竞争，一样是彼此水火不相容，试图在竞争中获胜，如此一来不仅赚钱了，让资本壮大了，也可以继续维持自身存在而不被消灭到无产阶级队伍里去。资本家和工人作为劳资双方，作为资本主义生产的一体两面的存在，既相互依存，以对方的存在为自己这个阶级存在的基础，同时又呈现绝对对立的姿态，这是两者利益根本对立的原因造成的。资本家获得更多利润的秘密就在工人那里，其购买工人劳动力之后，力图耗尽工人的最后一丝气力，以至于损害了生产，而不得不出台法令，限制资本家对工人的劳动时间的侵占。10小时工作法案试图把劳动者从完全退化的状态中救出来，保障他们的健康情况，"资本在工厂推动机器一超过限定的时间，就会损害工人的健康和德性，并且，工人所处的地位，是不能自己保护自己的"。不能自己保护自己，是因为工人没有财产所以没有权利。从这段调查报告可知，工人作为劳动力商品的拥有者，以自己唯一拥有的财产即自己的劳动力的所有者的资格，在市场上，和别种商品的所有者相对立，获得与其他商品所有者的平等位置，当他以商品所有者即劳动力所有者身份与资本家签订契约并出售自己的劳动力时，契约的订立仿佛说明工人可以自由处分自己的财产——劳动力商品。但是契约一旦订立，工人会立即发现，他不是"自由的当事人"，"这种搞法（1848年到1850年资本的策略），提供了一个无可争辩的证据，证明以下那个主张多么错误，照此主张，劳动者不需要有任何保护，而必须作为一个可以自由处理自己事务的人去处分他们所拥有的唯一财产，他们手上的劳动和他们额门上的汗"[①]。

---

① ［德］马克思:《资本论》第1卷，人民出版社1953年版，第313—314页。

1. 工场手工业生产了机器：机器大工业从工场手工业中孕育而生

机器大工业是从工场手工业中孕育而生的，专门制造蒸汽机、走锭纺纱机等的工人出现前，机器便出现了，由工场手工业生产出了机器，这就像裁缝出现以前人就已经穿了衣服一样，也如同人首先活着在与世界打交道中去认识世界，而不是先认识世界再生活一样。专业的职业人出现前，这个职业已经存在，这个尚未有专业人的职业陶冶着非专业的从业者，对职业的工作流程、工作要求等正在进行社会性实验，社会在为这个职业的出现贮备技术、物料和人才。瓦特等人的发明能够实现，是因为发明家找到了相当数量的、工场手工业时期已准备好的熟练的机械工人。他们中的一部分是各种职业的独立手工业者，一部分来自联合在手工工场内严格分工的工人。随着生产推动的发明的增多和对新发明的机器需求的增加，一方面机器制造业日益分成多样的独立部门，另一方面制造机器的工场手工业内的分工也日益发展着，机器大工业的基础就这样出现在了工场手工业中。①

换个角度看，大工业的技术基础直接出现在工场手工业的另一面，则是工场手工业生产了机器，正是生产了不断否定自身的、即将取代工场手工业的新的生产方式机器大工业，大工业借助于机器，在它首先占领的那些生产领域渐次排除了手工业生产和工场手工业生产。

因此之故，我们看到了历史上，机器生产"是在与它不相适应的物质基础之上自发地发生的"②。这个过程既是机器生产从母体诞生的过程，也是其母体瓦解的过程。

随着工具机摆脱掉最初曾支配它的构造的手工业形式——这种手工业形式正是我们在上一节谈过的那种带有半艺术性的技艺，此时还残留有非生产性特征，这种技艺需要依靠工匠们操纵小工具的那种发达的肌肉、敏锐的视力、灵巧的手等的制造样式，依赖具有这样制造技艺的人生产机器带来两个瓦解这种生产形式的后果：第一，机器生产成本高、价格贵；第二，这样的手艺人很难规模化培养，增加工人数量就会很缓慢。用这种机器进行生

---

① ② ［德］马克思：《资本论》第1卷，人民出版社1953年版，第406页。

产的工业的扩大,这样的机器向新的生产部门的渗透,则完全取决于这样的手艺人数量增加的情况,这制约了资本的扩张与增殖,于是大工业发展到一定阶段,便在技术上与自己的手工业和工场手工业的基础发生了冲突。机器生产发展到一定程度,就必须要推翻这个与它的扩张不相适应的物质基础,推翻这个最初是现成地遇到的、后来又在其旧形式中进一步发展了的基础本身,从而建立起与它自身的生产方式相适应的新基础。

建立起与机器大工业生产方式相适应的新基础的条件,正是上述制约性因素:生产机器的手艺人,因过于依赖天赋能力而替代性很弱,这是机器大工业不能容忍的,凡是不能合理化、量化、机械化的非理性因素都是机器大工业行将替代并淘汰的因素,生产它的人被替代,被机器替代或者被分工专业化、合理化、标准化作业分解其工艺,不再是一个人独立完成这些操作,而是将复杂工艺分解成很多的简单劳动,这种简单劳动可以部分地直接由机器代替,部分地借助机器完成,最少量的简单操作部分由人完成,但是由人完成的部分也是可以标准化、合理化作业的,这意味着这些岗位是随时可以被替代的,这样生产就尽可能去除了主观因素,以合乎理性地、高效地运转起来,在机器的使用寿命内充分地将其价值转移到更多的商品中去,实现资本增殖。

2.科学技术生产化:机器生产机器

就像单个机器还是靠人力或小机器靠畜力推动时,蒸汽机还没取代现成的人力、畜力或者风力、水力(风车、水车等),机器体系就不可能自由发展一样,大工业特有的生产资料即机器本身,还要依靠个人的力量和个人的技巧时,大工业就不能得到充分发展,如同大脚穿小鞋,是跑不起来的。发动机、传动机构和工具机的规模日益扩大,工具机摆脱掉最初支配它的构造的手工业形式,机器生产机器,这是大工业必需的、适当的技术基础,也是机器大工业的立足点。[①]

机器大工业生产的标志,机器生产机器的生产形式获得相对于手工业

[①] [德]马克思:《资本论》第1卷,人民出版社1953年版,第409页。

时期的自由形态,正是由于其按照"力学任务来决定形式"[①],这种自由形式的获取正是借助了物理学的发展成果,使得科学经过工业日益在实践上进入人的生活并改造人的生活,从非人化充分发展的方面为人的解放作准备,因为机器越先进、生产力越强,人使用机器就越逐渐转变成机器使用人。

这种取代和摆脱意味着每天不断生产着的机器大工业试图奔跑,但是产生它的母体手工业却束缚着它以致跑不起来,束缚它的因素有哪些,意味着要克服哪些因素。说到底是手工业生产机器,使得机器的产生昂贵。之所以昂贵,是因为人工的不可替代性太强,物以稀为贵。替代性太弱,是因为个性、主观性因素太强,人为的即不可预料、不可控制、不可安排,不可合理化、标准化、规模化,技术依赖于人的灵巧与熟练经验等,这是不可量化也就不可复制的模式,此是大工业生产力图要克服的因素。技术要保留下来,技术的实施就不能依靠人的不可量化的非理性、非合理化的形式,而应细致化分解步骤,让技术人的劳动能力智力因素变成可视化的、量化的,可以控制、可以复制的无数个组合起来的简单劳动,变成机器,或者机器需要的简单劳动,或者人的简单可替代的劳动即可。

自然科学的技术理性合理化、科学化进入生产领域,科层制、科学管理在生产中将人作为机器生产体系中的嵌入性生产要素进行统筹规划。"大工业到一定的发展阶段,……和它的手工业基础及手工制造业基础陷于冲突……机器各构成部分在工作机越是和手工业模型分离,越是取得自由的形态,仅只按照力学任务来决定形式时必然会有越是大的复杂性,分歧性,和越是严格的规则性"[②],这意味着,自然科学对生产方式的改造,原先依赖于工人技艺的生产形式,这样工人的技艺因为带有艺术性质而受制于个人经验的获得领会、个人的天赋比如肌肉和手指灵活度等,这样的工艺从技能培养到实际生产中不可控的主观因素太多,对于机器大工业来说是需要去除的不可合理化的非理性因素。

---

① ② [德]马克思:《资本论》第1卷,人民出版社1953年版,第407页。

此前即前工业时代,力学为代表的自然科学,与生产之间几乎是平行不交叉的。自然科学从其产生的渊源看,便与日常生活存在巨大壁垒。毕达哥拉斯、柏拉图等古希腊时期的思想家们,将几何学从埃及学习回来之后,原本用于生产生活的测量学在古希腊思想家那里衍变成抽象的理念的先天演绎。原本埃及的几何学还是与生产有关联的,到了希腊几乎成为纯粹理念的学问,在哲学家那里被作为必要的思维训练,柏拉图学园的门口写着不懂几何学不得入内,一直到近代自然科学革命时期,哥白尼等人论证日心说,伽利略、开普勒等都是将数学模型当作理论工具,这是非经专业训练不能理解的工具,精确的、简捷的数学模型是科学家们引以为傲的科学工具。而真正让所有人、所有学科以科学为理论范式的,则是牛顿力学体系的建立。人类以自己的理性建立起来对世界、宇宙的准确认知范式,数学的精密确定可靠性被各个学科认可,人文学科和自然科学都以此为模本,纷纷以能够运用数学工具为自己学科的科学性的证明。必须意识到,科学家对自我身份的认同来自科学共同体的承认与肯定,普通人与日常生活世界对他们工作的肯定不在他们的评价体系之内,当初给自然科学家们更名,使得科学从哲学中分立出来时,遭到了很多人的反对,如笛卡儿等人不能认同scientist之名,认为这是工匠的身份,贬低了科学家,科学家是按照研究自然宇宙之奥秘的哲学家这样的自我认知定位的。前工业时代,科学与生产是没有主动的交集的。科学生产技术化,对科学家们来说是不可想象的自我贬低,对生产领域的从业者而言则是有严厉的知识与阶级门槛的。

瓦特蒸汽机的发明,工具机摆脱手工业形式而获得仅由其力学任务决定的自由形式,这不仅仅是生产方式的变革,事实上也是精神样式的变革,自然科学从天上、从抽象、从不事生产不理俗务的出尘之姿降落到地上,与人类最基本的、最基础的社会生产相结合,这个活动在亚里士多德那里曾经属于非人的活动,奴隶的活动只是会说话的骡马的活动,哲学的对象面向的是人的世界,而这样的非人的活动没有其存在的空间,被视作非存在。

现在作为自然哲学的自然科学从哲学母体中分离出去,挣脱的不仅仅是研究对象的独立自存,而且致力于将哲学形而上学的问题清除出科学体系,比如从经验主义或者叫古典归纳主义到实证主义,再到逻辑实证主义,这一系的科学认知,最终便是要从科学中清除形而上学问题,科学的方法即为科学,为有意义,凡是科学的方法无法验证的即属于无意义的、形而上学的,与科学严格区分。到卡尔·波普尔的证伪主义,区分科学与伪科学时,形而上学分出好坏,好的是能够帮助科学提出假设的,到了质证假设的阶段,形而上学再次被逐出科学。

科学研究的是自然宇宙的奥秘,但是这个研究是界定为能够提出科学问题,以科学方法进行研究的活动和对象的,哲学上无法以科学的方法进行研究的内容,对科学来讲也就成了无意义的呓语。

这是科学投入生产所带来的精神样式之变化,抽象的理性精神与卑污的生产劳动结合,是资本使它们从两个世界交会到一起。"资本作为普照的光",一切光辉神圣的、晦暗不明的东西都被其去除了,科学从其母体中携带的超出日常生活世界的神圣性被资本的光所驱散,科学面对的就是经验世界,不是超凡脱俗不可言说之物,自在之物或者说物自体这些不可触碰之物意味着无意义,无真值意味着虚妄,科学抛弃了它的抽象物质的方向,或者说唯心主义的方向,成了真正人的生活基础,科学从感性意识和感性需要之感性出发,从自然界出发,才是现实的科学。[①]

历史本身是自然史的即自然界生成为人这一过程的现实部分,自然科学的直接对象是人,对人来说,直接的感性自然界直接是人的感性,是另一个对他来说感性地存在的对象性存在。随着自然作为生产之生产性体系中的能量库,人也变成了机器体系中的嵌入型生产要素,管理科学应运而生,泰罗制、福特制等作为成功的生产管理经验在现代企业中被推广并日益发展,在现代信息科技的加持下,大数据对企业员工的管理更加周到。

资本主义生产的早期,资本以劳动权利的神圣性而对劳动时间法律限制持有异议,声称必须在劳动权利这个伟大的原则面前屈服。"……到了一定的时间,雇主支配工人劳动的权利就要终止,工人就要能够自己支配自己

---

① [德]马克思:《1844年经济学哲学手稿》,人民出版社2008年版,第90页。

的时间,即使力气还未掏尽"①。

　　工人为属于自己的时间展开与资本家的斗争,尽管这种斗争并不能对工人在整个社会中的位置有什么触动,但是工人在这样的斗争中学会了组织联合起来,领会了作为联合起来的阶级的力量,"一个更为巨大的利益,是把属于工人自己的时间和属于雇主的时间最后明白地区分开来,工人现在知道,他所出卖的时间是在何时终了,他自己所有的时间是从何时开始。因为他确实预先知道这一点,所以他们能够预先为自己的目的,安排好自己的时间"②。工厂法要使他们成为他们自己时间的主人,给他们以一种道义上的能力,把他们引导到那个方向,并且让他们有可能取得政治权力。马克思在注释中评论说,工厂视察员用有限度的讽刺和十分谨慎的言辞,暗示出现在的十小时法律,在某种程度内,也解除了资本家作为资本单纯体化物自然而然会有的野蛮粗暴性质,让他们有时间去受一点教育。以前,雇主一心搞钱,雇工辛勤劳动,除了这个,再没有时间可以干别的什么了。可以发现,资本家作为资本主义生产体系中扮演了分工的另一个角色即资本的代言人,除了资本赚钱的欲望没有什么别的欲求了,资本家与工人一样将自己嵌入了生产体系中,为资本增殖服务。在此意义上,科学社会主义将无产阶级作为自己的物质武器,以科学的理论武装无产阶级,变革现实的世界,无产阶级解放自身的同时解放全人类,从而向每个人的自由全面发展而前进,这便是生产之生产性即资本主义生产内部矛盾使资本壮大的同时,也壮大了它的对立面无产阶级的力量,即生产之生产性的辩证发展,对生产性的超越不在外在的否定或者停止生产,而恰恰孕育在其自身之中,就像机器大工业孕育在手工业与工场手工业中一样。

（三）生产之生产性的否定性发展

　　保护自然与将人从现代生产的生产性中解放出来是同一个过程,当劳

---

① ［德］马克思:《资本论》第1卷,人民出版社1953年版,第312页。
② ［德］马克思:《资本论》第1卷,人民出版社1953年版,第314页。

动作为人的本质力量活动复归于人，劳动对象自然也将重新生成其存在意义，再次生成人与自然生命共同体并实现和谐共存。建立在自觉的劳动基础上，认知从无度索取自然、无限生产抽象价值，把自然视作人的无机生命体，发展到自然与人是建立在实践基础上的同一性存在，自然的本质是通过人的生存实践不断展开的，人的自然的本质是通过劳动于自然中体现的。

这一过程是建立在对异化劳动的扬弃基础上的，非自愿劳动的被迫的、强制的、奴役的基础条件被扬弃，即私有制，自然分工的扬弃，每个人没有特定的劳动生命活动范围，可以自由地去创造，实现自身价值。

资产阶级社会一方面声称以自由为原则，一方面其以私有财产为核心的基本原则又带来对人的自由的个性的取消，并且现代人的生存还必将在资本主义生产的生产性中陷入意义危机，生产力与所有制关系的矛盾导致相对过剩的商业危机，自由和奴役之间对立导致意义危机。

前现代社会，或者说以人的依赖关系为基础的社会，原封不动地保持旧的生产方式，"中世纪的行会，要限制一个老板可以使用的劳动者的人数，使其不得超过一个为数极小的最高限度，企图用这个办法，来强力阻止手工业老板转化为资本家"[1]，资本家成为资本家，从封建社会母体中诞生并不是个轻松的过程，"货币或商品的所有者，要在生产商垫付的最低限额已经大大超过中世纪的最高限额的地方，才实际转化为一个资本家"[2]。

生产资料大量集中在资本家个人手中，这是以工资雇佣劳动者进行协作的物质条件。资本的最低限额相对于行会的那个最高限额，为了使得原来一个个分散的、相互独立的劳动过程，能够转化为一个结合的社会劳动，成为生产性生产的必要的物质条件。分散的独立的一个个劳动过程，在工场手工业生产中，实现工场内的协作分工，把独立劳动加以分解，每个个体只是完成其中的一个步骤而不是独立生产一件商品，商品是在各个个体的共同协作劳动下被生产出来的。换句话说，每个个体劳动是生产商品的总

---

[1] ［德］马克思：《资本论》第1卷，人民出版社1953年版，第321页。
[2] ［德］马克思：《资本论》第1卷，人民出版社1953年版，第322页。

劳动的一个环节，每一个单独的环节无法完成商品的生产，许多工人的劳动结合到了一起成为联合起来的集体力，每个个体也成了社会总工人的基本构成粒子。结合到一起的总劳动突破了个体的限制，形成了特别的生产力，"单干的人只能从一个方面着手工作，结合劳动者或集体劳动者却等于前前后后都有眼睛和手，因此一定程度内成了全能的人"①。在此意义上，"结合劳动的结果，是完全不能由个别的劳动得到的，……不仅是要由协作来提高个人的生产力，并且是创造一种生产力"②。

而资本家支付给劳动力的工资是个体劳动力的价值，各个劳动力协作分工结合成的集体力则完全被资本家掌控，凭借其对劳动条件的所有权，使得遮掩的集体力、生产力与劳动者没有关系，雇佣劳动者在现实意义上失去了劳动条件的同时，在劳动中形成的生产力以及生产的结果也都与劳动者无关。在机器大工业形成中，机器对各个行业的入侵，使得劳动条件不但不属于人，而且越来越与劳动者对立，机器与人形成了竞争，排挤出大量的劳动者，机器带来的直接结果是剩余价值的大幅增加，但是对工人而言，机器作为生产资料，不断造成工人的失业，失业的工人如果能转型成功，则能建立起与资本主义生产的关系，获得生存机会，而如果无法在新的分工体系中找到位置，那他将不是失业而是失去了生存的机会。机器大工业带来的生产之生产性便体现在了服务资本增殖的生产，不断生产出工人的生存条件，由于机器工业的规模效应，生活物资是越来越便宜的，这意味着工人换取生活资料所需要的交换价值变少，雇佣劳动力的价值随之减少，工人与工人之间的竞争、工人与机器之间的竞争，使得工人不得不接受这种生产的越多获得的越少的处境，因为竞争对工人来说是生存机会的竞争，失业意味着失去生存的机会。资本在劳动手段、生产条件之科技化越来越深，即科学技术生产化条件下，无偿占有社会总劳动越来越多，无偿占有社会总工人创造的剩余价值越来越多，资本积累所能使得资本可以控制的工人更多、剥削工人的

---

① ［德］马克思：《资本论》第1卷，人民出版社1953年版，第346页。
② ［德］马克思：《资本论》第1卷，人民出版社1953年版，第344页。

程度更深。相比之下，前资本主义时代生产的非生产性，即以自然需要为限度，自然本就是人的内在追求，不存在对象性客观存在的自然，人不需要设定自我与非我，从生产上不追求生产之生产性，即资本增殖所要求的无限增长的生产，生产自身的同时生产工人的生存条件，完成了人自身的生产与现代社会的生产。

工业革命开辟出的现代社会，确立了资本主义生产方式占主导地位的社会，所创造的人的生存方式之物质生活条件，已经不仅仅限于人的生存的自然需要了，因为资本主义生产方式本身的资本原则是以追逐剩余价值为目的的，资本主导的生产，通过人以及人所创造的生产力实现，但是人的生产却不是以人的需要为目的，而是以资本的追逐剩余价值为目的，而仅仅以人的生存的自然需要为限，是无法满足资本增殖的目的的。人的生存之自然需要是有限的，人作为有生命的生物的存在所需要的物质生活条件是有限的，资本增殖的欲望却是无限的，一旦停止增殖，资本本身就不存在了，资本为了自身的存在必须创造出满足无限增殖的需求，需求不再是以人的生存的自然需要为界限，需求是市场经济的概念，不是人现实生活之需要，需求是基于市场经济中的供求关系而被生产出的概念，市场经济是资本主义生产体系中实现资本增殖的环节，从潜在的剩余价值成为现实的剩余价值是通过市场实现的，资本无限增殖要求无限的市场，需求的产生是概念的而不是现实的，可以是基于现实的无中生有的想象，也可以是在现实的基础上的夸张想象，只要能够成为资本增殖的通道即可，人本身只是资本增殖的中介环节，即生产条件以及市场经济中需求的基础——剩余价值从潜在变为现实的，供求关系的基础，在这个过程中，人沦为资本增殖语境中的生产性存在与消费性存在。从资本角度而言，总的说来就是资本的生产性存在，消费主义、享乐主义、拜金主义、物质主义等不过是这一生产性存在的现实表现。人是什么与生产什么和怎样生产一致，资本主义生产方式主导的时代，人的存在沦为资本的生产性存在，表现为两个斗争着的群体即资本家和工人，事实上两个斗争着的群体本质上都是资本增殖的生产条件，是资本所驯养的工具，资本家和工人被教化为资本的信徒与牺牲者，以生产中承担的不同角色即不同分工，献祭人的全部的创造性的本质力量，包含全部的体力与脑力的创造性生产能力，生产力水平与科技发展程度及两者的结合度越高，这种献祭越彻底。后工业时代、数字信息技术为基础的"互联网+"时代，人们的工作时间与休闲时间、现实生活与虚拟生活都被资本所捕获，逃避现代社会到深山老林中过原始人的生活也仅仅是一种想象的、不现实的浪漫主义理想，从资本主义生产方式观人的生存方式几乎看不到摆脱资本的可能，人的需要被放大、被无中生有出形形色色的需求，其物质生活条件比之以往的世代犹如神仙一般，交通工具、通信工具几乎打破了时空的隔阂，破碎虚空是对仙人与众神的想象，当下人们的交往几乎实现了这种想象，人的现实的生存空间向太空探索，上九天揽月不再是梦想，甚至现实的生存已经不能满足人，以数字信息技术开辟的赛博空间实现了人的虚拟生存。这导致了虽然当下时代的人还没有脱离肉体凡胎，但借助虚拟实践实现了现实地超越了肉身限制的存在，以有限的凡人之躯实现了对"此在"的有限性的超越。在虚拟存在中可以通过VR、游戏等实现多种身份角色的生存体验，通过网络社区实现多种身份的表达，通过数字信息技术实现跨越时空的交往。技术与生产力的进步为人的这种超越性生存提供了物质条件，这种物质条件以及生产这种物质条件的生产力与技术，包括虚拟实践的各个体验内容与场景之生产无不是在资本与技术、市场的媾和下而推动的，以资本的形式实现对互联网的殖民衍生的数字资本，在全世界范围以超出国家、地区、民族的界限的方式实现了其社会权力。全世界用户所创造的数据为少数资本家所占有，继而以所有人创造生产的数据为基础打造输出有偿使用的内容，实现无本万利的新的资本增殖模式。原来的雇佣劳动为基础的资本增殖模式，发展到全人类成为数字资本增殖的无偿劳动力，奉献所有的血肉与大脑所具备的生产力，来供养数字资本增长的欲望，一切人生存中的新内容、新行动成为资本增殖的新道路，资本犹如跗骨之蛆、犹如癌细胞一样寄生于人的现实生活过程。人的自然的需要、发展的需要、自由的需要都被资本融化为实现其增殖欲求的土壤。资本增殖似乎也要随着人超越肉体的存在而突破资源与自然环境约束，但人本身就是自然的存在，人的创造要以自然为前提，虚拟生存所需要的物质条件及其内容仍然以自然、以人的需要包括生存的和发展的需要为基础，资本增殖看似拥有了无限的可能，事实上仍然有自然和资源的约束，只是以更加隐蔽的方式呈现。

另一方面，从人的生存生命活动的施行来看，作为生产与体验的主体的人，在资本增殖的过程中，其本质力量的创造性获得、丰富与发展，人生存的现实获得新的内容，尽管是以被资本控制、为资本服务的方式，即异化的方式获得。历史唯物主义与唯物辩证法告诉我们，人的异化发展与异化的克服走的是同一条道路。人的生存超越性不再以概念理论的方式实现，而是通过虚拟空间现实地呈现出超出"此在"有限性的存在。这一存在虽然暂时还缺乏普遍必然性，但是就其现实性而言已经从不是开端的开端、设想的开端中迈出步伐，世界向人展开了更加广阔的内容。基于现代性基因中的对立与分裂，人的虚拟存在与现实存在也表现为对立分离，沉迷于虚拟现实的超越性，而将现实的生命的存在、现实的人与人的交往、现实的人与自然的和谐共生抛之脑后，无疑又为人的生存的新内容单向度发展开辟了新道路。这种分裂与对立的精神样式不从人的生存中被取代，人的生存的超越性的发展仍然只是为人的异化开辟出新的方向与领域，世界与人的分裂对立程度将继续加深，人的存在面临着自然条件被工业文明毁灭而没有了未来，或者因为与世界脱节的孤立而使得人类社会瓦解，继而走向没有未来的未来。

绿色发展视域下人的生存方式，是立足于现实的人的生存即整个现实的生产过程，考察整个人类的现实生活过程，包括人与世界的共在、人与自然的和谐共存、人与自身的整体性的存在，而不仅仅局限于生态环境的角度，对标的是人的生存的辩证发展，既不是应当之概念性生存，也不是顺当下现状之自然而然的生存，是基于当下之现状，找出现状中孕育的人的整体性存在而不是分裂存在的端倪，找到这个端倪并考察认识和理解其内在的逻辑，借助这种逻辑革新人的生存方式，开辟真正的人的生存之未来道路。

三、生产之生产性的哲学反思

（一）理性的狡计实现生产性原则

现代人的生存方式从传统生存方式转换发展而来。从物质生活的生产方式看，机器大工业取代传统自然经济与手工业生产；从精神样式看，现代与前现代，似以文艺复兴、启蒙运动为分水岭，人的生活与精神世界是由神或者天做主，抑或是启蒙理性以后"我的世界我做主"。生产性之思想源自费希特哲学之自我设定非我，费希特哲学一直未能完成对非我的消化，但是生产性之人通过自身生产的内涵在费希特哲学中已然显现；生产之生产性典型的完成是在黑格尔的观念论中，黑格尔在存在意义上将生命解释为过程，这是绝对精神的过程，生产之实践性概念就此立足于形而上学的存在概念之上，即实践与理论的形而上学联系的基本建制内。

有趣的是，近代主体性哲学几经坎坷发展到德国唯心主义，以"同一哲学"，尤其是黑格尔以包罗万象的绝对精神辩证发展，以"绝对知识"将意识区分的纯主体与纯客体相统一，达到柏拉图以来现代形而上学的最高成就。伽达默尔在《20世纪的哲学基础》一文中说，"没有人比德国唯心主义"，比如谢林、黑格尔等，更清楚地知道，"意识和它的对象并不是两个互相分离的世界……意识和客体事实上只是同一事物的两个方面"[①]。

传统形而上学柏拉图主义，作为存在论或者本体论的知识论路向或者范畴论路向，在黑格尔哲学中的绝对知识那里达到顶峰。而这一路向本身在西方文明中经历了中世纪宗教神学，以超验的实存主义生存方式为中世纪人的精神样式，宗教作为精神实体建立起人与人之间的联系，神作为世界的来处与归处，人与世界同归于神，此时神是至高存在，人与自然的主体性都由神接管。世界以神所在为真理，世俗生活为虚幻，这一构成保持在形而

---

① ［德］伽达默尔：《哲学解释学》，夏振平、宋建平译，上海译文出版社1994年版，第118—119页。

上学的基本建制内。文艺复兴与启蒙运动高举自由与理性大旗，现代人的生存方式，与前现代的传统社会相比较而言，人取代了宗教所捕获的超验的主体性，人自身变成自己生活和世界的主宰。笛卡儿"我思故我在"的命题，以论证知识的可靠性为目的而怀疑一切，将一切命题放在理性法庭审问。在此基础上，近代哲学从此时开始以"我思"，也即意识之我为出发点。这里的我不是实存之我，不是现实生活中的那个我，而是生活着的我的思维、我的意识、我的理性之"我"，从笛卡儿开始由于哲学出发点之"我"与现实之生活的我分离，思维、意识之我，无法突破意识达到彼岸之世界，两个我所在的世界只好再次请上帝来保证协调同构。

主体性哲学，以理性、意识之我为出发点，大写的人的意识、人的精神成为世界的尺度，世界成为我的存在，用网络文学流行的一句叫作："我命由我不由天"，非常形象生动地表达了这一精神样式的转换。即我的事情天做主，转变为我的事情我做主，神学的、宗教的终极关怀与庇护，在近代哲学与近代政治革命的努力下，从人类精神家园与终极皈依之所变成了每个人的个人选择，也即宗教的精神从普世的变成私人选择、私人领域的事情，不再成为人与人连接之共同体的精神。现在，人的理性精神要肩负起为人、为自然立法并承担由此而来的责任，存在意义不再是现成的、直接托付给神的、外在的存在。人必须为人自己的生活、为自己的生存、为自己生存的世界赋予意义。

这一转变将人从神这一外在权威中解放了出来，人为自然立法。但是康德认为，"从一个存在者具有理性这一点，根本不能推论说，理性包含着这样一种能力，即无条件地、通过确认自己的准则为普遍立法这样的纯然表象来规定人性，而且理性自身就是实践的。"康德的实践理性能否发出绝对无条件命令是存疑的，因为理性本身并非无条件的，作为实践理性总是在一定条件下得以实施的。康德的道德律令只有应该，而没有具体行动的实施准则，使其沦为形式而无法被应用。理性的内容被阉割成只有形式合理性与结果有效性，工具主义、实用主义盛行，理性的自我立法沦为主观任意，虚无主义就成为其必然的命运。尽管笛卡儿，经由卢梭、康德，直到黑格尔，不断从与他们的精神家园古希腊哲学的对话中试图重新建立起世界的存在意义与根基,但是当尼采喊出"上帝死了",西方文明从精神上努力凭靠理性建构世界归于虚无,尼采喊出的是整个西方理性主义的失败。

自此,西方哲学要求精神的思辨转向真实的自然和实在的自然,转向人的生活的实际条件,近代哲学那个抽象"我思"的主体转变成了有血有肉的、具体的、现实感性的人,后现代主义从各种非理性因素中重新寻找道路,宏大叙事渐渐被抛弃,共同体变得更加虚无缥缈,人的生存意义失去了依托。

在人获得主体性重建,普遍合理性归于虚无主义之时,主体性真正实现在了"财富"或者资本身上,现代社会一切归之于货币、归之于转变为资本的货币,使得物获得了支配人的主体性。这一次人的主体性的丧失是通过人自身的生产实现的,人的社会劳动力对象化为异己的存在,取得了支配活劳动的社会权力,吊诡的是,这一机制的表现形式却是基于现代社会确立的自由、平等、天赋人权,建立的民主政治实现的,这一现代社会建立的基本原则,保障的却是不公平、不自由、不公正。

理性的狡计是如何实现的,一切都与资本来到世间有关系,资本如同那道光驱散了自然与人的"魅力",自然与人在资本的中介下成为可以理性计算、控制的对象,资本主义社会中每个个体以自我原则为总结。劳动对一些人而言能产出更多的资本,而对另一些人而言则是他牺牲自我以谋生的手段。资本将所有的人和物重新进行分工,自然在技术与人的中介下成为资本主义生产的能量库,人则对自己按照资本的样子重新生产,当一些人彻底依靠生产性劳动谋生,他们就成了彻底的雇佣工人,雇佣工人生产自身的同时,也将资本生产出来,资本按照自己的样貌生产出资本的世界。这样的现代资本主义生产体系所缔造的社会中的每个成员都依照普遍理性行动,即理性经济人的自私自利原则所撑起的主体,每个个体都有着经验意义上的特殊的利益,从而具有以特殊利益标记出的相互差别性。这些经验意义上的个体虽然有着各自的特殊利益,但是在资本主义分工体系中,又分属劳动和资本的代言人。依照普遍理性行事的个体最终使得每个个体下降为被资本主义生产体系所规定的生产材料,理性的主体原则没有带来人的主体性,在现实中给人实现的是工具性,为资本成就了主体性。

理性的狡计实现人的主体性为工具性这一异化,是以对自然的支配、控制、安排为中介的,即机器大工业得以实现的第一生产力:科学技术。科学技术的生产化是历史地形成的,其中首先也必须发展的是科学本身。近代自然科学革命以来,科学在与工业生产的结合中日益强大。这不仅仅体现于科技导致了生产力的提高、社会财富的迅速聚集,从而给人类的生产与生活带来巨大的改变,同时,人们的精神生活领域、思维方式也因此发生了剧变。

首先是人与自然的关系发生了根本性变化,近代自然科学革命与主体性哲学媾和,试图以人对自然的支配与控制性确立起人的主体性。

在宗教笼罩中世纪欧洲时,神创论使得自然的主体性被剥夺。近代主体性哲学褫夺外在权威的主体性,以人的有限性面对世界的无限性,力图确立自己的权威时,以自然科学对自然的对象性设置,试图凭借体系的知识实现人对自然的全面掌控。在现实社会,便是以自然的管理者、生产条件的所有者形式出现的资产阶级,承担了确立人的主体性权威逻辑的主体。由此,理性实现的不是人的主体性而是资本代言人的权力,资本代言人也是作为资本增殖的工具,一旦不能使得资本增殖就失去了资本代言人的资格,即竞争失败以至于破产进入劳动代言人的行列。

(二)生产性之哲学批判即现代性批判

对现代人生存的精神样式的反思,从西方哲学自身发展看,卢梭开启了现代性批判道路,作为马克思主义哲学直接的思想来源之一的黑格尔哲学,也在卢梭开启的现代性批判道路之上开启了现实的批判。黑格尔哲学之后,现代西方哲学对现代社会的批判更加丰富多元,马克思主义作为最杰出的代表,被萨特称为,马克思主义之后的批判要么回到马克思主义之前,要么在重复马克思主义说过的话。海德格尔也将马克思主义的批判称为上升到历史的那一度的,即现代社会双重性的现实的批判,达不到这一度,没有资格展开与马克思的对话。本小节以马克思主义为基本视角，基于以上几种与马克思主义批判展开过对话的思想，探索资本主义生产诞生的欧洲人的精神家园，从黑格尔、海德格尔等思想家们与古希腊思想的对话和对其的阐释中，观现代人的生存理念是如何从其精神家园古希腊思想实现转变的。

从卢梭开始，一些思想家就意识到使人类文明的东西正在使人堕落下去，卢梭所说的使人类文明起来的东西，金银、铁和商业等正是现代社会的资本、工商业和技术的根基。在《爱弥儿》中卢梭表达出对现代社会的浪漫主义批判，寄希望于倒退回前现代社会，这样一种美好的想象以倒退回田园牧歌的生活方式批判现代社会、现代资本主义工商业对人的损害。这与卢梭的个人经历有关。他生于法国，法国是一个农业为主的社会，重农主义学派产生的根基就是法国农业生产为主导的社会现实，农民比之城市居民更为健康、更有生机、更有精神，城市里的人被工业生产的机械重复性、昼夜不停的生产摧残得麻木不仁，身体和精神破败，工业生产比之农业生产仅仅是加工组装拼接，没有创造性，没有农业的那种生产性。当时以魁奈等为代表的重农主义者们，其理论从政治经济学的发展看还处于前经济学时期，但是侧面地反映出，当时资本主义发展的早期，人们对资本主义生产给人的生存带来的损害有所认识，卢梭浪漫主义的批判作为对现代资本主义生产的文明的批判先声，敏锐地洞见到在人的生存与人类文明的进步之间存在一种张力，人类文明在资本主义生产中发展起来，社会自身的生产使得社会发展进步，但是人自身的生产在资本主义生产体系中却被剥夺。无论是重农主义视野下农民与城市居民的对比，还是《爱弥儿》中对逃脱现代文明的畅想，都能反映出在资本主义生产体系中，人自身的力量，身体和精神的本质力量被城市生活、被资本主义工商业掏空。

资本一来到世间，田园牧歌的消逝就是必然的，马克思在《共产党宣言》中说道，"资产阶级在它已经取得了统治的地方把一切封建的、宗法的和田园诗般的关系都破坏了。它无情地斩断了把人们束缚于天然尊长的形形色色的封建羁绊，它使人和人之间除了赤裸裸的利害关系，除了冷酷无情的'现金交易'，就再也没有任何别的联系了。它把宗教虔诚、骑士热忱、小市民伤感这些情感的神圣发作,淹没在利己主义打算的冰水之中。它把人的尊严变成了交换价值,用一种没有良心的贸易自由代替了无数特许的和自力挣得的自由。总而言之,它用公开的、无耻的、直接的、露骨的剥削代替了由宗教幻想和政治幻想掩盖着的剥削","资产阶级抹去了一切向来受人尊敬和令人敬畏的职业的神圣光环。它把医生、律师、教士、诗人和学者变成了它出钱招雇的雇佣劳动者","资产阶级撕下了罩在家庭关系上的温情脉脉的面纱,把这种关系变成了纯粹的金钱关系"[1]。资产阶级时代相比较过去时代,处在永远的不安定和变动布局中,一切方生方死,一切刚产生新的就成为旧的,就成为要被取代的,生产体系要求生产得更多消费得更多,不断更新。海德格尔称之为"进步强制",《共产党宣言》中说,"一切新形成的关系等不到固定下来就陈旧了。一切等级的和固定的东西都烟消云散了,一切神圣的东西都被亵渎了。人们终于不得不用冷静的眼光来看他们的生活地位、他们的相互关系"[2]。资产阶级奔走全球,将一切民族卷到文明中来,用商品摧毁一切防御,"它迫使一切民族——如果它们不想灭亡的话——采用资产阶级的生产方式;它迫使它们在自己那里推行所谓的文明,即变成资产者。一句话,它按照自己的面貌为自己创造出一个世界"[3]。

现代人依然生活在资产阶级按照自己的面貌为自己创造出的这个世界之中,资产阶级的面貌就成为定义现代人生存方式的面具,而这个面貌的构成的现实的物质根基便是前文资本主义生产方式的辩证发展过程,这个面貌的精神构成或者说意识形态,在马克思、恩格斯那里是他们所批判、斗争的形形色色的旧唯物主义,扰乱工人的非科学的空想社会主义,以及直接影响马克思、恩格斯的德国古典哲学。从《黑格尔法哲学批判》到《神圣家族》《德意志意识形态》,直到恩格斯晚年的著作《路德维希·费尔巴哈和德国古典哲学的终结》,马克思主义对现代资本主义社会之根基即资本主义经济制度的批判,与对现代社会的意识形态的批判是相辅相成的。《德意志意

---

[1] 《马克思恩格斯选集》第1卷,人民出版社2012年版,第402—403页。
[2][3] 《马克思恩格斯选集》第1卷,人民出版社2012年版,第403—404页。

识形态》中阐述的历史唯物主义世界观一经问世,就被运用到对资本主义社会之根基的资本主义制度的批判中去了。《政治经济学批判》序言中,马克思讲述了自己研究政治经济学的经过,他因法国政府驱逐而移居布鲁塞尔,继续研究,这一时期是1845年,当年春天恩格斯移居布鲁塞尔。两人共同执笔撰写了《德意志意识形态》。马克思自述的"我所得到的,并且一经得到就用于指导我的研究工作的总的结果"[1]正是《德意志意识形态》中形成并全面阐述的历史唯物主义这一新的世界观。

资产阶级按照自己的面貌创造出来的世界,使得生活在其中的人不得不用冷静的眼光来看待他们被撕下了温情脉脉、田园诗般、神圣的面纱的赤裸裸、纯粹的金钱关系,一切职业的神圣光环被去除,只剩下赤裸地出钱招雇的雇佣劳动者。人和人由纯粹的金钱关系连接,人的权利、社会地位、相互关系以口袋里的货币数量为标准,货币关系没有质的差异,只有数量关系,这正是市民社会中的原子个人,经济生活中的理性经济人。社会与个人奉行的理性法则以货币的多少衡量存在的意义,生存的意义就是占有得越多越好,人的存在被资本置换了。

资本代言人按照资本的本质要求创造人的生存意义,人单纯地生产着自己能够以数量关系分析推演的内容,在资本主义生产体系中理性计算利害得失。资本主义社会里,人的本质力量对象化活动——劳动,不仅仅生产商品,还生产"作为商品的自己本身和劳动者","劳动者创造的商品越多,他就越是变成廉价的商品"[2],劳动已经超出了经济关系的领域,人的本质和现实的生存被这样一种劳动所吞噬。机器大工业中的劳动已经抹去了个别差异,每一个劳动者的劳动不仅仅是抽象的无差异,而且是事实上在资本主义生产体系中无差异,每个劳动者是社会总工人的一个原子单位,可以被按照资本主义生产的需要,任意取代、组合、拆装。每一个人的劳动,是总劳动的组成部分。[3]多数人的分工协作的总劳动,结合的劳动,其结果是个别劳

---

[1] 《马克思恩格斯选集》第2卷,人民出版社2012年版,第2页。
[2] 复旦大学哲学系现代西方哲学研究室编译:《西方学者论〈一八四四年经济学哲学手稿〉》,复旦大学出版社1983年版,第100—101页。
[3] [德]马克思:《资本论》第1卷,人民出版社1953年版,第345页。

动完全无法达成的,就其自身来说,已经必须是一种集体力。①

劳动者为了活下去而不得不出卖自身劳动力,普遍的商品化达成了对世界一切的商品化,资本来到了世间,即达成了死劳动支配活劳动,物质吞噬精神,人的现实生活的实证主义达到了极致,人也像资本主义生产的即工业生产的原料一样,成为机器运转起来、进行生产的材料。(马克思在《资本论》中已不再用"异化劳动",不是劳动异化不存在,而是将劳动异化的诸环节辩证地清晰呈现。在黑格尔哲学被当作"死狗"一样对待的时候,马克思在著作中宣称自己是黑格尔这位大师的学生,因为黑格尔精妙的头足倒置的辩证法被批判地继承,运用在对资本主义矛盾的揭露中。黑格尔辩证法中的神秘主义,即那个类似于上帝的绝对精神所带来的神秘主义,被马克思以现实的人、现实的人的生活过程所取代,辩证法的革命的、批判的内核在马克思的历史唯物主义世界观、在其对资本主义经济制度的剖析中被充分发挥。

资本主义社会中可以被任意组合、拆分,没有质的差异的、作为可变资本的承载者的工人在市民社会中便是自私自利、唯利是图的原子个人,是市场经济中进行冰冷的利益得失理性计算的理性经济人。换成黑格尔的语言,大约就是知性武装了头脑的人,康德"显豁的学说"所认为的不可超越经验的知性,"迎合了眼光只向当前需要的时代必需",经验对于知识是首要的,建立在经验基础上的"科学和常识这样携手协作",放弃了精神,以换取实际——通俗的和只夸见闻的历史的东西,那些放弃了沉思生活为目的的人只是为了有用,而不是为了灵魂的福祉,存在好像只是化作了欢乐的花花世界,但是这个花花世界其实都是资本的化身,资本是死劳动结成的,这个花花世界的底色是世界上没有的黑色。②对现代人的这种知性思维,黑格尔一方面认为它是必要的,即区分形式与质料是人的真正条件,就其作为科学的开端而言是必要的区分,但是另一方面又认为,停留在这种区分中,甚至

---

① [德]马克思:《资本论》第1卷,人民出版社1953年版,第345页。
② [德]黑格尔:《逻辑学》,杨一之译,商务印书馆1996年版,第2页。

放弃了对自在之物的追求,只针对主观建构的对象的科学,等于是放弃了真理而只考察虚幻的知识,这样的思维方式相当于只考察形式,放弃了内容。这样的知性思维就失却了生气与实质,科学只是这样的形式逻辑的无穷推演,以至于如此地毫无精神。

建立在知性思维、因果必然性之上的现代科学,其中的规定与推理只是形式的、无内容的,因为人认识的不是自在之物,而是知性通过表象建构的对象,自在之物引起表象,对象是表象的基础上建构起来的认知对象,所以自然科学获得的知识只是关于表象的、现象的,这种规定于是成为可无内容的外在的规定。推理"主要都归结到并建立在规定的量的东西上面,所以一切都靠外在的区别,依靠单纯的比较,成了完全分析的方法和无概念的计算"①,"所谓规则、规律的演绎,尤其是推论的演绎,并不比把长短不齐的小木棍,按尺寸抽出来,再捆在一起的做法好多少,也不比小孩们从剪碎了的图画把还过得去的碎片拼凑起来的游戏好多少"②。

在《德意志意识形态》中也有一个"棍子"。马克思谈及人类历史的第一个前提是:人们为了能够创造历史必须能够生活,为了生活就必须生产自己物质生活本身,这个生产是为了维持生活必需每日每时从事的历史活动,这是历史的基本条件。③简而言之,在马克思那里人是感性的、从事现实活动的人,这样的人从事的共同的活动才生成了人类史,有了市民社会史、商业史和工业史,但是当时的德国人并没有为历史提供这样世俗的基础。当时的诸多思想家那里,人是抽象的、蛰居于世界之外、抽象掉一切感性生活实践内容的"棍子","即使感性在圣布鲁诺那里被归结为像一根棍子那样微不足道的东西,它仍然必须以生产这根棍子的活动为前提"④。马克思谈及人类历史的第二个前提,需要本身即满足需要的活动和为满足需要使用的工具引起新的需要时说到了德国人的伟大历史智慧是谁的精神产

---

① [德]黑格尔:《逻辑学》,杨一之译,商务印书馆1996年版,第34页。
② [德]黑格尔:《逻辑学》,杨一之译,商务印书馆1996年版,第34—35页。
③ 《马克思恩格斯选集》第1卷,人民出版社2012年版,第158页。
④ 《马克思恩格斯选集》第1卷,人民出版社2012年版,第159页。

物。德国人认为凡是缺乏实证材料的地方就没有任何历史,除了史前时期,对史前历史是如何过渡到真实历史的没有作任何解释,思辨的欲望排斥了"粗暴事实"的干预获得充分的自由,创立和推翻了成千上万的假说[1],就像黑格尔批评知性的推演不过是"无概念的计算",把人类历史当作算数,设定固定的外在规定,种种规定之间也只是外在的关系,人被当作无概念、无内容抽象的独立自存的原子,任意加减、拼凑、组合。

"人们把这种思维和计算等同,又把计算和这种思维等同起来"[2],因为"算数中,数字被当做无概念的东西,除了相等或不相等以外,即除了全然外在的关系以外是没有意义的,它本身和它的关系都不是思想"[3]。资本主义生产体系中的人被设想为抽象的原子个人,单纯以这些人口袋中货币数量的多少来作为他们社会地位、生活中相互关系的衡量标准,仿佛他们已化身为抽象的数字,除了数量关系没有其他的内容,只有货币数量带来的比较关系。在实证主义的极致发展中,人不过是猴子进化而来的高级一点的动物,那么物竞天择适者生存的丛林法则成为社会的基本准则是顺其自然的。资本主义社会一切人对一切人的竞争关系恰恰是人被还原为社会动物,作为私有财产的化身,人和人的竞争关系正是私有财产之间的竞争,人享有的社会权利是他口袋中的货币数量决定的,现代流行的所谓财务自由某种程度上反映出了这一点。启蒙运动以来宣称的自由都被货币化了,这也是资本主义生产体系所带来的,资本主义社会承认的是活货币表现的私有财产享有的权利,有私有财产才有自由、平等之权利。更加可怕的是在后工业化时代,还原主义更加极致,《黑客帝国》所上演的正是信息科技对人的极致还原,将人脑当作一段编译好的代码,人本质上是在身体上运行的程序,这样的人可以任意擦除,像游戏中玩家可以做各种各样的设定去展开自己的生命,不断升级打怪,中途可以存盘或者删除从头再来。

这是黑格尔、马克思未曾经历的时代,却是他们所批判的现实与精神样

---

[1] 《马克思恩格斯选集》第1卷,人民出版社2012年版,第159页。
[2][3] [德]黑格尔:《逻辑学》,杨一之译,商务印书馆1996年版,第35页。

式的延续，所以现代人的生存方式虽然与思想家们生活的时代相去甚远，却并没有真正走出资本主义社会对人的规定。当我们需要反思变革我们的时代、我们的生存方式时，总是要回到他们那里，去了解这个时代在诞生之时就被思想家们把握到的特质，对马克思而言更加重要的是，通过对资本主义社会的副本即资产阶级政治经济学的批判，去真正变革现实世界，在现实世界已经提供的资本主义社会生产着的灭亡自己的条件基础上，去加速资本主义的否定性发展，使得人重新将自己创造的、异己的、不属于自己的力量收回到自身，如同黑格尔的绝对精神在展开过程中带着整个世界回到自身，人将自己的劳动、自己劳动创造的工业世界，收归自身，人的自然的本质与自然的人的本质在这一过程中生成。

　　世间的一切的商品化，即一切可计算，是对包括自然、人本身以及社会的量化、机械化。这个过程在哲学上表现为近代笛卡儿为代表的主体性哲学的建立，"我思故我在"之"我思"成为哲学的出发点，这成为整个西方近现代的基本建制。唯理主义与经验主义看似是两条路线，但事实上，都对真理的可靠性要求基于理性的保证，洛克为代表的经验主义，到贝克莱已经发展为"存在即被感知"，认识的对象已经不是真实的世界本身，到休谟因为对认识对象的质疑，引发了因果必然性的非理性质疑，科学恰恰是建立在因果律基础上的，康德为了重新建立被休谟动摇的人类知识大厦基础，为理性划界，给知识和信仰分出了各自的领地。这里黑格尔对康德的知性的积极作用予以了肯定，但是对人而言这是分裂的，而人是整体性的存在，费希特、谢林等的同一性哲学则是试图把康德的划界重新弥合起来，费希特作为康德哲学的完成，其两个基本命题，自我设定非我时，那个非我成为同一的自我无法消化的东西，最终的解决还是黑格尔的绝对精神以有差异的同一来消化掉了那个自我和非我，在那个作为科学的开端、认识的开端，所设定的主体与对象、主体与客体的现代形而上学基本建制中，这种区分是基于认识所必需的，但是之所以有这样的区分，是因为世界本就是如此的结构，思维与世界本身即存在分享着这样的共同的结构，康德的不可超越经验的知性，一旦触及物自体、自在之物就陷入二律背反，恰恰是因为世界本就是以如此的结构存在的。到黑格尔时代,知性发展出的自然科学已经与常识联手展现出强大的力量,不仅如此,自然科学排除了哲学形而上学的存在,与工业结合起来,通过工业日益在实践上进入人的生活,改造人的生活,并为人的解放作准备,当然马克思点出来,这种准备是以对人的非人化充分发展的形式而进行的[1]。

可计算性正是近代自然科学革命的典型特征,这个计算不是为了确定"多少",而最终只是有助于对作为对象的存在者进行控制和统治。科学意义上的计算,比之近代哲学之父也是近代自然科学革命中的巨擘笛卡儿的《方法谈》来得还要早,早在近代自然科学革命那里,哥白尼、伽利略、开普勒等先驱那里就已经显露峥嵘。近代自然科学的典型方法科学实验法及其所用的数学工具,无不显示出对科学研究对象的控制。

提及对象,我们需注意,经过康德的哲学,对象就成为通过表象被构成的、在意识之内的存在,这导致近代主体性哲学只能通过关于某物的表象推断某物存在,因为我们认识的对象是通过表象被建构而在意识中显现的东西,除非有上帝保证那个表象是自在之物引起的,否则我们由此获得的认知永远是值得怀疑的。海德格尔对此做的工作是将现代形而上学或者说主体性哲学出发的那个点重新定位,或者给这个原点搬家,搬到不需要上帝来保证表象是自在之物引发的,哲学或者思想的居所从那个"我思"之意识迁移到另一处,用海德格尔的话来说,就是从识—在移居到此—在,前者可以简单理解为意识,后者即贯穿意识内在性的此在在世存在,海德格尔对此在的解释的比喻更容易理解,"当我回想起布斯克拉兹小屋中的勒内·沙尔,在那里向我给出的是谁或什么呢?是勒内·沙尔自身!而不是天晓得的什么(我以之为中介与沙尔相关的)'图像'"[2]。

近代主体性哲学最后已经变成对虚幻的认知,自在之物始终在意识之外,无法成为认知对象,对象只是被建构的在意识之内的主观的东西,导致

---

[1] [德]马克思:《1844年经济学哲学手稿》,人民出版社2008年版,第89页。
[2] [法]F. 费迪耶等辑录:《晚期海德格尔的三天讨论班纪要》,丁耘摘译,《哲学译丛》2001年第3期,第56页。

认知也不可靠了。作为胡塞尔这位现象学大师的学生，现象学"回到事情本身"在海德格尔思想中的印迹，同时又要突破现象学意向性的外壳，即突破意识到意识之外是海德格尔从撰写《存在与时间》时期就在努力的事情。至于如何突破，海德格尔要求放弃意识优先性，在存在和意识的关系问题中，放弃意识的优先性，跳出现代形而上学基本建制，从而从当今的生产中跳出来。当今生产之生产性，即统治当今人生存的人的自身生产与社会的自身生产带来了毁灭的危险。然而马克思指的是资本主义的人的自身生产带来了自身毁灭的危险，社会主义必然胜利。海德格尔则认为人的自身生产带来了自身毁灭的危险，这种危险只有上帝才能拯救。这种带来自身毁灭的生产是由进步强制规定的。进步强制就存在于生产之生产性中，如果用马克思的话说，就是存在于资本的本质追求中，即要求不断地生产出超出自身价值以上的价值。这就是进步强制最基本的规定。进步强制在海德格尔那里也被叫作生产的强制和需求的强制。

这种强制在马克思对资本本质的揭示上更易于理解。市场对资本迷信与崇拜，马克思虽然没有经历消费主义时代，但是关于消费强制，其在《1844年经济学哲学手稿》中提到了需求的强制，即工业的宦官和商业的宦官总是不断地制造出那种非人的需要和虚假的需要，以便从他的邻人的口袋里掏出金钱。而按照基督教的教义，这个邻人应该爱他们的，但是他从邻人的口袋里又掏出黄金鸟。[①]这便是工业的宦官和商业的宦官的行事，宦官是要服从于某个主人的，这个主人就是资本。

进步是什么？简言之就是在人的生存理念中约定俗成的一个想法，即新的东西比旧的好。所以手机公司每隔几个月召开新机发布会，程序定期要更新，游戏版本不断升级，橱柜里的衣物或者别的商品总是一买回来就变成旧的，就需要用更加新的东西取代旧的东西，似乎后面的那个总比前面的好。手机在更新中，电池容量要增大以维持更多的运行时间、内存容量总是变得更大以能储存更多的信息；移动硬盘的介质甚至跟不上人扩容的需

---

① ［德］马克思:《1844年经济学哲学手稿》，人民出版社2008年版，第121页。

求,于是产生了云盘,储存信息又多又方便调取。因此,越多越好与越新越好共同构成了进步的一般性意义。传统的或者前现代社会中人的生存理念并非如此,马克思在《共产党宣言》对比了资产阶级塑造的社会和以往的社会,资本主义社会生产不断变革,一切社会状况不停地动荡,永远不安定和变动,而过去的时代是"原封不动地保持旧的生产方式",由"一切固定的僵化的关系以及与之相适应素被尊崇的观念和见解"[1]所构成的时代。

现代生产之生产性要求创新,然而20世纪20年代以来科学上的真正创新到目前为止尚未有显而易见的突破,但是技术创新是层出不穷的。比如手机的专利创新数不胜数,从外壳、性能、运行程序、芯片等各个方面推陈出新,而这种创新正是对进步的迎合。手机的创新时至今日如何让人们买单?若出于通信工具的需要,那一部老人机绰绰有余,但各个品牌的新机发布总是能吸引到很多消费者,因为生产强制与需求强制是资本增殖所主导的生产强制共同支配的,生产强制与需求强制是联系在一起的。

马克思《资本论》的副标题"政治经济学批判",其最终目的正是要消灭国民经济学以之为前提的劳动,亦即黑格尔辩证法的最后成果形而上学本质之劳动,这个劳动其实是雇佣劳动,劳动价值论事实上是掩盖了雇佣劳动与工资的关系,对于马克思主义来说,劳动价值论的劳动有历史意义,但同时也是要积极扬弃的内容。海德格尔作为西方20世纪的重要思想家,其对现代社会的反思和批判,把握到现代社会的双重现实,试图走出主体性哲学,即以"我思故我在"的"我思"作为哲学出发点,"我思"之意识与其对象世界相分离的现代形而上学,从而走出人类中心主义,使得人再次回到与世界的切近的生存,而不是被概念、逻辑、范畴中介的世界。但是海德格尔始终关注的是个人,而现代社会在其经济现实及其架构的基础上形成的是巨大的社会力量,单个个体面对成建制的社会力量,面对诸强制,犹如面对命运般无措。海德格尔在晚年发出感慨,也许只有上帝可以拯救人类。西方许多思想家认识到现代形而上学所带来的对现代人生存的影响,在人与

---

[1]《马克思恩格斯选集》第1卷,人民出版社2012年版,第403页。

自然日益加剧的冲突对立中,人类中心主义被很多思想家所诟病,但是放弃人类中心主义却不是那么容易的事情,现代资本主义生产方式,生产之生产性是现代形而上学原则在人的生存现实中的物质实体,始终在资本主义生产关系、资本主义生产方式内进行绿色实践,就很难走出现代主体性哲学所造成的人与自然的分离、对立。

马克思则通过对现代资本主义经济制度运行规律的剖析与批判,可以走出生产之生产性,用马克思的表述来说就是人在社会中存在而非在意识中的存在与想象,作为资本主义生产必需的存在,却又不被资本主义社会承认其存在,只是作为生产的条件与机器共同作为生产要素的存在;资本积累规模不断扩大的同时,其驾驭的劳动者数量就越大,以科学的、彻底的理论武装起他们的头脑,使之成为肩负起资本主义掘墓人责任的自觉的、具有无产阶级意识的革命的物质力量,扬弃异化劳动与私有财产,从现代形而上学的人的优先性中走出来,在与自然的和谐共存中自由全面地发展。

第三章　新时代绿色发展视域下生存方式释义

马克思主义中国化最新理论成果当中的绿色发展理念，开启了人的生存方式变革的新探索。作为马克思主义中国化最新理论成果之一，新发展理念将绿色发展锚定为中国式现代化的基本路径，强调"绿色是永续发展的必要条件和人民对美好生活追求的重要体现"①。由此，人的生存方式变革在事实上获得了根本提升的新契机。

一方面，资本主义私有制与社会化大生产是资本主义制度的基本矛盾，马克思批判这种资本主义生产方式，提出实现社会主义，消灭资本主义私有制，从而超越并克服资本主义这种以资本增殖为目的的生产。新时代下，中国特色社会主义建设是以公有制为基础，多种所有制共同发展的基本经济制度来保证人民共同建设、共同分享发展成果。这种以人民为中心的发展逻辑，客观上将社会生产的目的从资本增殖扭转为满足人民对美好生活的需要，此外，以人民为中心既是唯物史观中人民群众是历史主体的理论运用，同时也是中华优秀传统文化中"民本"思想的继承与发展。

另一方面，马克思主义理论中包含丰富的生态思想。在资本主义驱使下，人与自然逐渐分离、对立，自然在资本与技术的媾和之下成为资本主义生产体系中的工具，人对自然的认识与改造变成以资本增殖为目的。马克

---

① 习近平：《全党必须完整、准确、全面贯彻新发展理念》，《求是》2022年第16期。

思提出"共产主义作为完成了的自然主义等于人道主义"[①],因此,人从资本的支配下解放出来,自然也就恢复其作为人的对象性存在的地位,不再是资本增殖的工具。在中华优秀传统文化中,人与自然和谐共生的思想源远流长,对于继承传统文化思维的中国人而言,自然并非西方近代哲学和自然科学那样是可以被观察、被测量、去主体性、无意义的物质存在,人的感性、对象性关系被阉割;相反,在中国传统文化中,自然与人和谐共生,在天人合一观念下,世界是一体的,"道体不分""体用不二",无论是儒家、道家还是本土化了的佛教,天、天道、天理从来不是远离人世、不是虚无缥缈的,不存在与人相对、分离的自然,这种天人合一的思想,内含着人与自然生命共同体的意味,即人与自己生活着的整个世界有机统一。例如,从日常生活来看,人们改善物质生活条件,吃穿住用行以天人合一、与自然和谐共生为追求;描述日常器物制作的是技艺,而技艺之艺术性追求,求的便是与自然和谐。现代社会的生产建立在近代哲学与自然科学基础上,虽然社会生产在资本与技术的作用下能够创造出自然界不存在的产品,但这种产品很多在消费使用后无法融入自然,最终沦为废弃垃圾,成为自然生态环境的沉重负担。类似的生产创造越多,生态环境的压力就越大,人类赖以存在的自然则不断被破坏,因此,单纯的环境保护行动很难有成效。在现代科学视角下,自然是人类生存发展的基础;在马克思主义理论视域下,自然是人的对象性存在,是人的无机的生命体;从中国传统文化看,要求在人与人的关系中以及人的生命情感、生命体验中体悟大道自然,绿色发展理念的意义衍生为人在实践中追求与天道自然永恒、不朽的存在,为人找寻到安身立命之所。

绿色发展理念观照人的生存方式变革,在本质上追求人与自然和谐共存,建构人与自然生命共同体。为阐释自然的自为存在,就必须在理论上、认识上、逻辑上与自在自然进行理性区分。自在自然与自为自然是同一个自然,其区分与统一的基础就在于人的生存实践劳动。首先,实践使得人与自然相区分时,自然的自在特性便呈现出来,自然作为实践的对象,必然与

[①] [德]马克思:《1844年经济学哲学手稿》,人民出版社2014年版,第78页。

实践活动的行动者不同一,因此,自然作为人的活动对象,对人而言是异己的存在;但是,实践同样可使人与自然相统一,人是自然的产物,人的生存与发展离不开自然,人生存在自然中,必须依靠人自己的劳动创造出人的生活。

第一节　新时代绿色发展理念的实践及意义

经过前文分析,可以看出西方绿色行动与绿色意识并不能彻底解决经济增长与人类可持续生存自然与环境的诉求。在当下,改善生态环境对全球而言都是急迫的现实问题,党的二十大报告中再次将"构建人类命运共同体"置于国家发展大计中,充分认识到"中国的发展离不开世界,世界的发展也离不开中国"的深刻道理,绿色发展目标的实现亦是其当然之理。

自20世纪以来,中国等发展中国家纷纷开展现代化、工业化建设,随着经济不断发展,自然与资源的压力也越来越大,遭遇与西方发达国家同样的生态困境。此外,先发国家和地区在第一次工业革命以后的工业现代化进程中所造成的环境和资源压力逐渐积累为全球环境和资源的负面资产,这让后发国家和地区的人民不得不"负重前行",既要保证社会的经济发展,又要承担本国、本地区与全球环境资源的双重约束,发达国家借助先发优势形成资金、技术、人才、资源、意识形态话语权的垄断,给后发国家的工业化、现代化进程平添重重壁垒。

全球环境治理语境下,发达国家逃避责任的同时又要求限制后发国家的发展,这种在资本主导的绿色运动中制造出的,国家治理与全球治理的非理性矛盾的冲突对立,给全球生态治理都造成了阻碍。资本力量在国家权力、意识形态的支持下,站在环境保护的道德高地,无视全球贫困人口的生存权和发展权,将环境保护当成生意,不断输出享乐主义、消费主义价值观和高排放、高消耗的生活方式,其所谓绿色实践与绿色环保理念实际上背道而驰,使全球自然环境与能源危机雪上加霜。

中国绿色发展理念正是在这样的大背景下,立足于对中国国情和历史的审慎研判,批判性吸收世界其他国家和地区的有益探索,同时扬弃中国传统文化与发展中的绿色思想,提出了人与自然生命共同体的理念。新时代绿色发展观是在中国特色社会主义实践过程中历史地提出的。尤其自从党的十八大以来,习近平总书记提出"既要绿水青山,也要金山银山"的"两山"理论被深入探索,"绿色发展理念"成为新时代五大发展理念中的有机组成部分,革新了传统发展观,发动了绿色革命,建立起新时代绿色发展观。以党的二十大召开为起点,我国将始终牢记"人类命运共同体"的发展意识,秉承绿色发展观,不断为全球绿色生态文明建设探索出一条中国特色的道路。

一、新时代绿色发展理念的历史演进

(一)社会主义建设初期的自觉绿色意识

中国近百年屈辱的近代史让实现工业化、现代化成为我国历史发展的必然要求,这也是国家独立富强的必由之路。中国共产党很早就注意到国家工业化的问题,毛泽东等同志在领导新民主主义革命和新中国建设中,形成了新时代绿色发展理念的思想先声,主要体现在:

1.生产生活厉行节约,坚持勤俭建国,将增产节约作为重要的建设原则确立下来,将对自然资源的保护与社会主义经济的发展等同看待,对各类资源综合利用。面对新中国作为落后的农业大国的基本经济面貌,确立以工业为主导的战略,同时重视农业、农村和农民问题,认为只有农业发展了,工业才有原料和市场。提出了以农业为基础,以工业为指导,以农轻重为序发展国民经济的总方针,党的八大提出了既反对保守又反对冒进,在综合平衡中稳步前进的方针。

2.节能低碳环保思想,在探索社会主义建设过程中,发展水利工程,发展水电技术,减少煤炭开采,同时因地制宜地提出南方地区发展沼气的看法,通过对当地废弃物的循环利用减轻当地的环境污染,同时变废为宝,提高了当地的资源利用效率。

3. 发动群众植树造林。新中国社会主义探索和建设时期,毛泽东等领导人便提出消灭荒山荒地,绿化祖国山河的主张。[①]

中华人民共和国成立后,我国便开始思考如何更高效地走工业化道路,党中央据此将党和国家的工作重点转到技术革命和社会主义建设上来,毛泽东等党和国家的主要领导人更是在工业化道路建设之初,就考虑到资源节约、环境保护的问题。党的八大正确分析了社会主义改造完成后中国社会主要矛盾的变化,指出社会主义制度初步建立,社会主要矛盾是人民对建立先进的工业国的要求与落后的农业国的现实之间的矛盾,是人民对于经济文化迅速发展的需要同当前经济文化不能满足人民需要的状况之间的矛盾。新时代下,我国的绿色发展理念既是对中国传统文化中"天人合一"思想、勤俭节约之美德的继承,也是对新中国建设、党的奋斗征程中所形成的光辉传统与革命精神的继承与发扬。

(二)改革开放后绿色发展观的初步形成

改革开放以来,我国生态环境保护思想主要基于国际、国内两方面因素逐渐成型。国际上,联合国人类环境会议于1972年召开,旨在唤醒各国的环境保护意识,这影响了中国生态环境保护相关政策的制定与实施。而国内,在总结了前期社会主义探索和建设的经验教训,并对生态问题和环境污染问题进行深入分析之后,党将环境保护纳入国策,在经济与环境协调发展背景下,国家高度重视环境保护工作,颁布《环境保护法》,为环境治理奠定法治基础。随着工业化、现代化的加速发展,中国经济快速发展与生态环境之间的矛盾日益凸显,发展与环境的关系问题被进一步提升到国家战略层面,因此,我国提出了经济、社会、环境同步持续协调发展的战略思想。1996年在里约热内卢召开环境与发展大会之后,我国出台《中国21世纪议

[①] 金星宇、欧阳奇:《毛泽东绿色发展思想的三重意蕴与时代价值》,《中共云南省委党校学报》2019年第6期。

程》，确定可持续发展思想。2002年，党的十六大提出树立和落实科学发展观的思想，这不仅仅是在方法和手段上摒弃传统发展观的高投入、高消耗、高污染模式，同时对"为谁发展、靠谁发展、怎样发展"作出了回答；在科学发展观指导下，党的十七大继续提出了建设资源节约型、环境友好型社会的构想。

（三）新时代十年绿色发展理念的确立

2012年，党的十八大将生态文明建设纳入中国特色社会主义事业五位一体总布局之中，提出建设美丽中国，实现中华民族永续发展。社会主义生态文明建设成为关乎人民福祉、民族未来的长远大计。工业化、现代化所带来的资源约束、环境污染、生态系统退化等问题，从表面看是传统发展模式的局限，实质是传统发展观所蕴含的人与自然关系对立所导致的。传统发展模式下的自然观不可避免地带有西方逻辑色彩，在资本原则主导下，这种对立在现代化进程中愈发尖锐。新时代绿色发展观必须重新树立尊重自然、顺应自然、保护自然的生态文明理念，建设人与自然生命共同体。在此基础上，党的二十大提出"推动绿色发展，促进人与自然和谐共生"的思想，并指出，"尊重自然、顺应自然、保护自然，是全面建设社会主义现代化国家的内在要求，必须牢固树立和践行绿水青山就是金山银山的理念，站在人与自然和谐共生的高度谋划发展"[①]，这为我国的绿色可持续发展指明了发展道路。

生产力的发展与科学技术的发展互相促进，现实需求推动科技发展，科技发展的生产化又为生产力的飞速发展提供巨大推动力。环境保护被提升到国家战略层面，利用科学技术保护环境、解决能源问题就成为必然。从中华人民共和国成立之初，我国就开始不断探索新能源利用的各种方式，但受制于技术，自然资源的利用效率有限，煤炭、石油等化石能源不可避免地成为工业化的重要源头，不论从能源还是环境方面来看，这种高投入、高排放、

[①] 习近平：《高举中国特色社会主义伟大旗帜　为全面建设社会主义现代化国家而团结奋斗——在中国共产党第二十次全国代表大会上的报告》，人民出版社2022年版，第49—50页。

高能耗的发展模式对中国来说都是不可持续的。随着国际上能源短缺问题、环境污染问题的日益严重，节能低碳绿色发展成为中国特色社会主义建设的必由之路。

同时需要警惕的是，科学技术是把双刃剑，对人类社会发展具有双重效应，这需要我们对科学技术有更加清晰的认知。要对科学技术发展全过程进行控制与约束，不断完善相关法律制度的监督，确保科学技术的生产应用绿色化等，使得科学技术的发展服务于人与自然关系的和谐相处。针对这些问题，党的二十大报告进一步指出，要"加快发展方式绿色转型。推动经济社会发展绿色化、低碳化是实现高质量发展的关键环节。加快推动产业结构、能源结构、交通运输结构等调整优化"[1]，这既是社会进步、生产生活方式变革的内在要求，也是新时代发展理念的自我革新。

绿色发展不仅仅是生态环保问题，更是关系到人类生存之根本。"绿水青山就是金山银山"的指导思想突出生态文明建设，推动向绿色生产生活方式转变，正是以人民美好生活需要为导向的中国式现代化建设。党的十九大报告指出，"我们要建设的现代化是人与自然和谐共生的现代化，既要创造更多物质财富和精神财富以满足人民日益增长的美好生活需要，也要提供更多优质生态产品以满足人民日益增长的优美生态环境需要"[2]；党的二十大报告继续强调美丽中国建设，"坚持山水林田湖草沙一体化保护和系统治理，统筹产业结构调整、污染治理、生态保护、应对气候变化，协同推进降碳、减污、扩绿、增长，推进生态优先、节约集约、绿色低碳发展"[3]。

回望中国绿色发展理念的发展历程，中国共产党在不同历史阶段，根据中国的国情、发展的具体阶段、人民的迫切需要，制定并实施了各阶段的发展方案，从生态保护、资源合理利用，逐步转型为依靠科技与法制的可持续发展道路，在工业化、现代化中，将绿色发展从实际问题的解决提

---

[1][3] 习近平：《高举中国特色社会主义伟大旗帜　为全面建设社会主义现代化国家而团结奋斗——在中国共产党第二十次全国代表大会上的报告》，人民出版社2022年版，第50页。

[2] 习近平：《决胜全面建成小康社会　夺取新时代中国特色社会主义伟大胜利——在中国共产党第十九次全国代表大会上的报告》，人民出版社2017年版，第50页。

升到战略高度，始终以人民的幸福感和获得感为目标，坚持以人民为中心价值导向，不断推动动态的、全面的发展，激励人民共同创造美好生活、享受发展成果，在物质财富和精神财富不断创新发展的同时，创造美好生态环境，增进人民福祉，引导人民价值追求多维度发展，推动和实现人的全面发展。

　　破解生态危机所带来的发展悖论、发展难题必须从人类生存的全局意义上着手，秉持人与自然和谐共生、和谐发展的理念，将人与自然的关系纳入政治、经济、社会、生态、文化的全面发展中。工业化、现代化、城市化发展中对自然的单方面索取最终会遭到自然的反噬，而新时代中国的绿色发展理念，一方面是总结过去发展的积极经验，另一方面也汲取了自身发展与其他国家和地区的经验教训，不断审视发展为了谁、怎样发展以及向何处发展这一重大问题。日益严重的生态问题危害人民的生存与发展，而中国共产党始终牢记总结与反思，完善绿色发展理念，为中国发展转型、为突破生态发展困境寻找新的突破思路，同时也为全球生态危机的破解贡献中国智慧，提出中国方案。

二、新时代绿色发展探索的生存论意义

　　中华人民共和国成立后，从第一代领导人绿化祖国山河，到党的十八大提出"美丽中国"集生态之美、发展之美、人文之美于一体这一发展方向，再到党的二十大提出基本实现美丽中国目标，丰富而又绵长的生态文明理念奠定了绿色发展理念的实践基础。

　　中国特色新时代绿色发展观对人的生存方式研究具有重要意义，首要革命性意义就在于马克思主义指导下中国共产党的领导，这也是显著区别于西方绿色意识与绿色行动实践的重要方面。中国共产党的领导是中国特色社会主义的本质特征，是实现绿色发展的根本实践保障。新时代社会主要矛盾的转变集中体现了中国特色绿色发展理念下人以自由全面发展为宗旨的生存观。

（一）践行绿色发展理念的生存论意义

新时代绿色发展观中，坚持以人民为中心是其核心价值追求，这是对马克思主义唯物史观的继承和发展，是中国共产党"不忘初心，牢记使命"为人民谋求幸福的初衷、中国特色社会主义建设的必然要求，具体表现为既坚持发展生产力、提高人民物质文化生活水平，建设"金山银山"，同时又对人民的美好生活追求不局限于物质生活保障，对居住环境、"绿水青山"的追求不可或缺。"两山"理论充分体现了中国共产党以历史唯物主义与辩证唯物主义为指导下的中国特色社会主义建设和物质文明与生态文明建设的有机结合，党的二十大报告中两次提到这一重要理论，更加彰显我国加快发展方式绿色转型的决心和信心。

新时代绿色发展观既具理论高度，又具实践导向。从理论上看，传统发展观即"高消耗、高排放"的生产方式的转变，是绿色发展实现的关键。马克思在《政治经济学批判》序言中阐释了物质生活生产方式在人类社会存在发展中的决定性作用，指出"物质生活的生产方式制约着整个社会生活、政治生活和精神生活的过程"。相比绿色资本主义、生态现代化等西方绿色思想将自然作为生产的条件、将资本增殖作为根本宗旨的资本主义生产，中国共产党人在对马克思主义理论继承发展的基础上，立足中国特色社会主义建设实践，不以经济增长作为社会发展的唯一指标，不以生产的、占有的物的多少作为唯一的社会财富衡量标准，而是以人民的美好生活需要为尺度，以人的自由全面发展为宗旨。在此基础上，锚定建设人与自然生命共同体，提出"保护生态环境就是保护生产力，改善生态环境就是发展生产力"这一重要理论。经济发展与自然生态是相互促进的，从根本上而言，发展并非单纯的经济增长与社会物质财富的积累，经济增长只是以满足人民的物质需要为尺度，而发展还要满足人民自我价值实现的需要，为实现人的自由全面发展而不断积累条件。社会主义市场经济以解放生产力、发展生产力为己任，而解放发展生产力则需要以人民的生存权和发展权为第一位。解放了的生产力能够释放出巨大的社会物质财富，只有以社会主义为中介，才能为人民提供丰富的公共产品和服务，改善民生、教育、医疗卫生、社会保障、基础设施的更新建设，等等。因此，以人民为中心的发展，是以中国共产党的领导为根本保证，同时也是中国共产党初心使命所在。

从实践上看，党的坚强领导保证了以公有制为主体的社会主义基本经济制度的实现，同时，在向着生产力高速、高质量发展的道路上，经济体制改革也降低了资源环境代价，不断激活出发展的绿色基因。比如大力发展新能源，发展低碳经济、循环经济，承诺碳达峰、碳中和目标，产业结构调整与产业升级，等等，一方面在国内进行产业优化和升级转型，另一方面通过"一带一路"建设转移产能并转型升级。生产方式虽然在根本上对社会生活起决定与制约作用，但是社会生活也对生产方式具有能动作用。人民怎样去生活，有什么样的需要，需要的满足方式对生产方式形成双向互动关系。党的二十大报告中倡导简约、适度、绿色、低碳的生活方式，致力于将"绿色""低碳""可持续"等意识内化于心，通过绿色发展理念进行实践引导，鼓励人民在吃穿住用行等日常生活中自觉选择绿色方式，比如交通方面选择步行、共享单车、公共交通出行等，在休闲娱乐活动中选择环境友好、健康文明的方式等，逐步实现人民建设人民享有的共享发展；在绿色生活方面，促使人民积极树立绿色生活理念，养成绿色文明行为、以人与自然和谐共生的理念去除消费主义的影响、普及推广绿色发展观，发扬中华优秀传统文化中"生生不息""天人合一"等思想，将绿色基因融入文化体系中，加强绿色科学技术研究与产业化，同时建立健全绿色生产生活制度治理体系。

从发展观上看，与西方的绿色行动在政治共识与实践行动上的不一致相反，绿色发展是我国五大发展理念的有机组成部分，是一个系统性发展观。新时代绿色发展通过创新驱动，从方式上获得协调发展与开发发展的支持；从结果与过程上看，绿色发展以人民为中心，由人民共建共享，绿色发展理念武装起进行历史创造的人民的头脑，使人民在生产与生活中真正成为绿色发展积极主动的践行者，实现人与自然的和谐共存。

（二）新时代社会主要矛盾转变的生存论意义

目前,我国社会主要矛盾从人民群众日益增长的物质文化需要同落后的社会生产的矛盾转变为人民日益增长的对美好生活的需要与不平衡、不充分的发展之间的矛盾,这一主要矛盾的变化体现出社会主义发展旨在促进人的全面发展,保证人民在发展中有更多的获得感,因此,改善民生、增进福祉才是发展的根本目的,人与自然的和谐共生是促进人的全面发展的本质要求。相比较前一阶段社会主要矛盾的表述,新时代下我国社会主要矛盾中的需要体系发生了突出转变,从"物质文化需要"转变为"美好生活需要"。美好生活需要,是在社会生产力发展到"稳定解决十几亿人的温饱问题,总体上实现小康"的基础上,也即中共八大提出的"经济文化需要"中经济层面的需要基本实现后,经过半个多世纪的发展,随着人民需要的日益广泛而提出。而"两个文明"建设也逐渐发展为涵盖了经济、政治、文化、社会和生态的五位一体的文明建设。

马克思、恩格斯在《德意志意识形态》中考察人类历史时说,"已经得到满足的第一个需要本身、满足需要的活动和已经获得的为满足需要而用的工具又引起新的需要"[1],人类历史的生成发展如此,中国特色社会主义建设中人民的需要体系亦如是,在全面小康社会建成之际,需要体系也变得更加丰富,在物质需要得到基本保障的同时,人民的社会需要与精神需要更加凸显,人们对民主、法治、公平、正义、安全、环境等方面的要求日益增长,这也正是人的自由全面发展的内在要求。需要的丰富多层次性随着社会的发展而不断生长,在中华人民共和国成立初期,落后的生产力使得物资匮乏,经济短缺使得人的所有活动围绕着物质生活的生产与再生产进行,"人们为了能够'创造历史',必须能够生活"[2],然后才能从事其他活动,"但是为了生活,首先就需要吃喝住穿以及其他一些东西。因此第一个历史活动就是生

---

[1] 《马克思恩格斯选集》第1卷,人民出版社2012年版,第159页。
[2] 《马克思恩格斯选集》第1卷,人民出版社2012年版,第158页。

产满足这些需要的资料,即生产物质生活本身,而且这是人们从几千年前直到今天单是为了维持生活就必须每日每时从事的历史活动,是一切历史的基本条件"①。在物资匮乏的短缺经济时代,经济发展与经济生活的价值体系获得整个社会发展与价值体系中的主导位置,市场经济成为资源配置的主要手段,需要转化为发达商品经济中的"需求",借由发达商品经济中的"需求"实现人的物质需要的满足。

发达商品经济将人的"需要"变成从属于生产的"需求"的过程,本身即是对人的需要的抽象表达。一方面,人的需要是感性的、丰富的,而从属于生产的需求是标准化、抹平了差异的;另一方面,借由市场的手段,在发达商品经济中,货币和资本可以兑换成各种使用价值,拥有"通约一切"的超自然力,货币"是一切事物的普遍的、独立自在的价值。因此它剥夺了整个世界——人的世界和自然界——固有的价值。货币是人的劳动和人的存在的同人相异化的本质;这种异己的本质统治了人,而人则向它顶礼膜拜"②。货币和资本在商品经济的高级阶段是以劳动力作为商品的基本前提而形成的,换句话说,以货币形式表现的资本,本身是在人的具体劳动被抽象为普遍的社会劳动的情况下,使人的劳动能力在消费即使用中不断创造新的价值,劳动力因其特殊使用价值而成为价值源泉。而劳动力成为商品的历史条件则是生产资料与劳动者相分离,劳动者自由得一无所有,为了活着,不得不为那些占有生产资料、物质条件的所有者而劳动。也就是说,私有制本身不是结果,而恰恰是商品经济的前提条件。

市场经济、商品经济高级阶段越是生产得多,创造的价值就越多,在私有制条件下,就越成为异己的、不属于劳动者、反过来压迫奴役劳动者的力量。而社会主义市场经济恰恰在所有制上实现了根本性转变,建立了公有制为主的所有制与分配方式。市场经济中的企业或者个人服从"理性经济人假设",以利益的计算得失作为行为准则,生产以利润为目标,但是从社会

---

① 《马克思恩格斯选集》第1卷,人民出版社2012年版,第158页。
② 《马克思恩格斯文集》第1卷,人民出版社2009年版,第52页。

角度看，市场经济是解放、发展生产力的手段，根本目的是增进人民福祉，因此理性经济人的自私自利原则就有了边界。当中国经济已由高速增长阶段转向高质量发展阶段，要求转变发展方式、优化经济结构、转换增长动力，深化供给侧结构性改革，这种种转变措施就意味着客观上人的物质需要已能够得到满足，但是供给和分配机制需要完善，因为人民的需要层次和结构正在发生变化。人民在物质需要得到满足时，其社会需要、政治需要、文化需要和生态需要就凸显出来，这意味着人的基本生存需要获得满足后，人的发展需要凸显出来。此时，市场经济的惯性即获取利润的增长模式并不会随之自然地发生变化，相反，可能会以其所具有的强大的生产能力试图继续定义人的生存方式，使得人的生活始终在生产的安排之下，就像西方发达国家进入丰裕社会后随之而来的是"消费主义"大行其道，人们在可能的闲暇时光中并没有真正致力于人的自由全面发展。

人在物资丰裕的时代，本该在基本生存物质需要和安全需要获得满足后凸显出归属和爱的需要、尊重的需要、自我实现和自我超越的需要，但是发达商品经济在西方发达国家所表现的却是资本主义生产方式是以资本增殖为唯一目的的"生产机器"，这架机器仿佛自主运转，将自然和人自动卷入机器之中。人的发展需要被资本主义生产体系中从属于生产的"需求"异化为各种抽象价值或者符号，在大众传媒的各种叙事中接受一个个消费主义神话，消费社会中的人被生产所定义，人的生命时间也就不再属于自身，劳动时间被异化的、不属于自己的劳动所占据，而非劳动时间同样被交换价值体系所支配，生产体系提供了各种产业化的服务让人们在非劳动时间去消费，人在这种机制中，休闲本身的无规定性反而被生产消费机制所捕获：可以什么都不做地消费时光，以显示自己脱离了劳动，成为有闲阶级的一种身份、地位、名誉的象征，丰裕社会人的存在走向了彻底的虚无主义。

社会主义公有制经济引导非公有制经济，意味着社会主义市场经济只是作为解放、发展生产力的手段，自私自利的理性经济人没有成为整个社会的现实根基。公有制、社会主义要求生产力发展以人民为中心，恰恰是对短缺经济所形成的事实的"经济建设为中心"的内在否定，这种内在否定是在吸收经济建设成果的同时,将精神的、政治的、社会的、生态的需要构成人民的"美好生活需要",从而促进人的自由全面发展。我国从富起来到强起来,与从站起来到富起来是不同但又同一的历史过程,都是实现人的自由全面发展的历史过程中不可或缺的必需环节,物资匮乏时期的经济价值体系的特殊主导地位,必然以辩证否定的发展过程消融在以人的自由全面发展为宗旨的、新的价值体系中。

第二节　新时代绿色生存的本质规定

党的二十大报告强调,中国式现代化是人与自然和谐共生的现代化,促进人与自然和谐共生是中国式现代化的本质要求,"大自然是人类赖以生存发展的基本条件。尊重自然、顺应自然、保护自然,是全面建设社会主义现代化国家的内在要求。必须牢固树立和践行绿水青山就是金山银山的理念,站在人与自然和谐共生的高度谋划发展"[①]。人与自然和谐共生的生存方式,其本质是一体两面,一体在于新时代人与自然生命共同体,两面则是这一共同体中人的自然的本质的生成与自然的人的本质的生成,这个两面是分别站在了人、自然两个维度上,运用历史唯物主义阐明新时代人的绿色生存的本质。

本节主要从两个方面展开:一是从人本质的活动即劳动的历史发展脉络,阐明劳动本该属于人的本质活动,而不是现代否定人的、造孽的、使得人不得不逃避的活动。在社会主义新发展理念下,在中国式现代化建设中,一切以人民为中心,尊重劳动,回复劳动自由的、创造性活动的属性,从而使得人从强迫劳动中解放出来,并占有劳动的否定性发展即异化劳动成果,实现

---

① 新华社:《习近平:高举中国特色社会主义伟大旗帜　为全面建设社会主义现代化国家而团结奋斗——在中国共产党第二十次全国代表大会上的报告》,https://www.gov.cn/xinwen/2022-10/25/content_5721685.htm,2022年10月25日。

"通过人并且为了人而对人的本质的真正占有"①,历史地、辩证地丰富了人本质的维度,现实地促进人的自由全面发展;二是从自然在人的生存中的位置衍变出发,阐明自然作为人的无机身体如何复归于人,即自然从劳动这个对象性活动展示自身本质力量的对象的存在,在分工产生以后尤其是近代工业文明兴起后,沦为了被征服、被量化控制的工具,重新发现自然存在的意义既是自然的去工具化,也是"人的无机的身体"重归于人的过程。

一、绿色发展视域下人的本质生成

(一)劳动作为人的本质力量的对象性活动

从生存论意义上而言,人的生存方式也就是人成为人的过程。这里所谈及的人不是抽象的,也不是离群索居、如生活在孤岛的鲁宾逊那样的人,而是如马克思、恩格斯在《德意志意识形态》中所阐释的"现实的个人"、生活在如同狄更斯《双城记》中所描述的充满对立与矛盾的现实之中的人,这些现实的个人不需要抽象地去界定其人性是什么、人与动物相区别之特殊性,而可以如亚里士多德"人是天生的政治动物"一般,超脱日常生活经验地理性审视生活,能够对整个世界、存在等进行思考,等等。无论是以意识、精神、自由还是宗教来区别人与其他存在者,"一当人开始生产自己的生活资料,即迈出由他们的肉体组织所决定的这一步的时候,人本身就开始把自己和动物区别开来。人们生产自己的生活资料,同时间接地生产着自己的物质生活本身"②。

当人生产自己的生活资料,也即人通过劳动创造自己的物质生活条件,这意味着,人的肉体组织所决定的各种自然需要不再是以动物的方式被满足。动物的方式是满足其肉体存在的自然需要,即本能活动——直接消耗自然物的方式,而人的物质生活的生产劳动,是在自然物或者自然条件的基

---

① 《马克思恩格斯文集》第1卷,人民出版社2009年版,第185页。
② 《马克思恩格斯选集》第1卷,人民出版社2012年版,第147页。

础上进行改造、创造性活动,这种活动是对自然物或自然条件重新安排或者改造,并且劳动的结果即劳动产品被生产创造出来,用来满足人的肉体组织所决定的自然需要。但是另一方面,一旦这样的物质生活的生产开始了,意味着人同时获得了对自己肉体所决定的需要的超越,他可以节制自己的自然欲望、自然需要,延迟对这些自然需要、欲望的满足,并且人对自己的劳动对象也获得了一种自由的态度,可以按照人的自然需要去生产创造,也可以别的方式,比如以美的方式对待自己的活动对象进行生产创造。

简言之,一当人们开始生产自己的物质生活时,从哲学上看,这意味着人就迈向超越本身的自然性存在,这种超越就是自由。人就将自己与自然界的其他存在区别开来。人是什么,不是由自然规定的,而是由人自己的生产劳动这种创造性活动生产出来的。"人们用以生产自己的生活资料的方式"即我们通常所说的物质生活的生产方式,简称生产方式,"首先取决于他们已有的和需要再生产的生活资料本身的特性"[①],这种生产方式不应当只从它是个人肉体存在的再生产角度来考察,因为它是这些个人的一定的活动方式,是他们表现自己生命的一定方式。"个人怎样表现自己的生命,他们自己就是怎样。因此,他们是什么样的,这同他们的生产是一致的——既和他们生产什么一致,又和他们怎样生产一致。因而,个人是怎么样的,这取决于他们进行生产的物质条件,生产本身又是以个人彼此之间的交往为前提的。"[②]因此,对人的生存方式进行考察,在内容上可以从生产方式、生活方式、思维方式方面考察,也可以从政治、经济、社会、价值或意识形态方面考察,但最根本的是去考察"以一定的方式进行生产活动的一定的个人,发生一定的社会关系和政治关系",也就是指考察处在现实中的、可以通过经验观察到的、在一定条件下进行的发展过程中的人。

狄更斯、巴尔扎克等伟大的作家之所以伟大,原因在于其以艺术的形式表现出他们的时代中的人,即以文学家的敏锐目光和细腻笔触,将现实的、可以经验观察到的、以与其生产活动相适应的方式交往着的人,以文学形象

[①][②] 《马克思恩格斯选集》第1卷,人民出版社2012年版,第147页。

描述出来。哲学则是以理性批判的方式，对现实的人的现实生活过程进行审慎辨析，并对绿色发展的产生背景、意涵进行分析，以及对在绿色发展中人的现实生活过程是什么样的、怎样在现实中建构出绿色发展中的人的现实生活进行探索。

人类的生活过程是丰富的，从人的活动形成的领域上看，可以分为从物质生活的生产所形成的物质生活领域、处理人与人之间关系的政治实践所形成的政治生活领域和科学文化实践所形成的精神生活领域；从人的活动所面对的对象上看，人的生命活动需要面对的关系有人与自身的关系、人与人之间的关系、人与自然的关系等；从人与自然之有区别的统一看，人既要有区别于自然的特殊性存在方式，又要在人这种特殊存在中领会人与世界的共在，其特殊性关乎人的本质，这种本质不是现成的，而是在人施行生命活动中领会其与一般存在即世界的关系，确证人自身的存在并在这样的活动中生成人的本质。

人作为有血有肉的、感性的存在，其基本的生存需要，如吃穿住行等生活物资处于基础性地位，这是生物的自我保护本能。从人的自然属性上看，须注意的是，这种对于生物本能需要的满足方式，对于动物和对于人来说仍有不同，而人与动物的本质区别也正是从此处而来。动物的本能活动是直接地满足自身需要，动物与满足其需要的存在者间不产生关系，例如羊饿了吃草，羊吃饱了，草还是草，羊还是羊。草和羊并不会产生什么关系，它们各自是自在的、独立的存在。"动物和自己的生命活动是直接同一的"，"动物不把自己同自己的生命活动区分开来，它就是自己的生命活动"。并且，动物的生命活动只能按照其种属差的规定而行动，即大自然进化除了人以外所有生物的本质特征都是已经给定的状态，蚂蚁有蚂蚁的生存方式，蚂蚁只能按照蚂蚁的方式去生存。而人可以按照别的种属、别的自然存在物的尺度去认识和改造世界。"动物的生产是片面的"，它只生产自己或它的幼崽直接需要的东西，"人的生产是全面的"，"动物只是在直接的肉体需要的支配下生产，而人甚至不受肉体需要的影响也进行生产，并且只有不受这种需要的影响才进行真正的生产"，"动物只生产自身，而人在生产整个自然界"①,人不仅将自己作为人的本质生产出来,同时将整个自然界在自己的生产中生产出来。自然界成为一个独立存在,是在人产生以后,或者人意识到自己是人,是与自然不同的存在时,自然才真正存在。人在劳动中创造自己的生活、改造世界的同时也在改造着自身。在人的生产中,经过劳动,自然界表现为人的作品与人的现实,劳动对象是人的本质力量的对象性存在。

(二)人的本质活动成为谋生手段:分工引起的劳动的异化

一旦劳动因为历史的发展而成为不属于人的、异己的劳动,那就不仅仅是劳动的异化了。而劳动不属于人,带来的是劳动对象被剥夺和人的本质力量被剥夺,越是生产,劳动失去的就越多,人的无机的身体即自然界也会因此被异化夺走。

这个历史的发展是从分工开始的。"起初的分工只是性行为方面的分工,后来是由于天赋、需要、偶然性等等才自发或自然地形成分工"②,真正的分工则是从物质劳动和精神劳动分离开始的,随着生产力、社会状况和意识的发展,"分工使得精神劳动和物质劳动、享受和劳动、生产和消费由不同的个人来分担这种情况不仅成为可能,而且成为现实"③,这个过程正是私有制、阶级的产生发展。"分工和私有制是相等的表达方式,对同一件事情,一个是就活动而言,另一个是就活动的产品而言。"④

人的生存实践活动即劳动,"是受到限制或节制的欲望,亦即延迟了的满足的消逝,换句话说,劳动陶冶事物。对于对象的否定关系成为对象的形式并且成为一种有持久性的东西,这正是因为对象对于那劳动者来说是有独立性的。这个否定的中介过程或陶冶的行动同时就是意识的个别性或意识的纯粹自为存在,这种意识现在在劳动中外在化自己,进入到持久的状

---

① 《马克思恩格斯选集》第1卷,人民出版社2012年版,第56页。
② 《马克思恩格斯选集》第1卷,人民出版社2012年版,第162页。
③ 《马克思恩格斯选集》第1卷,人民出版社2012年版,第162—163页。
④ 《马克思恩格斯选集》第1卷,人民出版社2012年版,第163页。

态。因此那劳动着的意识便达到了以独立存在为自己本身的直观"①。与此同时，分工的发展还产生了个体的特殊利益（单个人或者单个家庭或者单个经济单位的利益）与所有互相交往的、共同活动的个人的"共同利益"之间的矛盾，这种"共同利益"并非作为观念的想象之物，而是现实地存在，作为彼此有了分工的个人间的相互依存关系而存在着。但是，"只要'特殊利益'和'共同利益'之间有分裂，也即分工还不是出于自愿而是自然地形成的，那么人本身的活动对人来说就成为一种异己的、同他对立的力量，这种力量压迫着人，而不是人驾驭着这种力量"②，这种受分工制约的、不同个人的共同活动所产生的社会力量表现为成倍的生产力，因为这种社会力量，从这些个人来看不是他们自身联合的力量，而是某种异己的、在他们之外的强制力量，在一定的实际条件具备之后，这种力量就成为人们的革命力量。随着生产力的高速发展与提升，异己的力量将人类的大多数变成"完全没有财产"的人，他们同现存有产者的世界相对立，意识到自己的处境以及要承担的历史任务，成为革命的群众。

在现代社会，工人作为社会财富的生产者，居于越劳动越贫穷的现实境地。工人不是大自然生产出来的，而是在一定历史条件下成为工人的，他们是除了自己的劳动力以外没有任何其他财产的人，这种生存方式就是现代资本主义生产方式存在的基础性条件，与此同时，有产阶级还在不断生产和强化着这个条件。这个机制运行的关键在于，满足工人生存和劳动能力的维持而被消耗的生活资料本身是非生产性的，而绝大多数工人的工资或劳动力价值只能换取这些非生产性资料，只有这样他们才能生存，这就意味着，工人只有持续不断地为占有劳动的物质条件的那些人劳动，才能换取生存的机会。获取基本生存需要的生活资料在私有制条件下需要遵循等价交换的原则，工人能够用于交换的除了他自己的劳动力以外没有任何其他财产，劳动力因此成为商品，工人分批次分时段地向拥有劳动的物质条件的资

---

① ［德］黑格尔：《精神现象学》上卷，商务印书馆1979年版，第130页，转引自王德峰：《哲学导论》，复旦大学出版社2016年版，第10页。
② 《马克思恩格斯选集》第1卷，人民出版社2012年版，第165页。

本家出售自己的劳动力，就成为唯一的出路。作为商品的劳动力，被拥有劳动的物质条件的资本家付出劳动力价值即工资而获得。这一过程中，工资规律就是以这样的方式运行的，工人的工资和劳动无关，而是工人存在所需生活资料的价值的标准，并且资本家也尽可能压榨这个标准，因为有一支储备的"产业后备军"存在，以此确保工资不高于工人的生存需要的生活资料的价值，从而保证有源源不断的工人被投入资本主义生产中去。

工人的本质力量随着生产不断对象化转移到劳动产品中，这里的劳动产品在资本主义生产体系中是作为商品存在的，是不断积累的劳动的资本，而资本显然不是工人的，因此，工人的劳动不属于工人，劳动产品也不属于工人。资本的存在以工人的存在为前提，即劳动力成为商品是货币成为资本的前提，资本一旦产生，追逐剩余价值的过程同时也在加深对工人生命本质的剥夺，使得工人把本是人的本质力量自主的、自由的对象性活动，呈现人的本质力量的活动，变成了仅仅为谋生的手段。工人在劳动时感受到的是被奴役、是被强制的非人存在，工人只有在不劳动时，才感受到自己是个人，一旦强制劳动停止，工人们就会像逃避瘟疫一样逃避劳动。

这便是异化劳动。异化劳动使得自然界和人本身，也使得人自己的活动机能，使他的生命活动同人相异化，也就使类同人相异化；对人来说，异化劳动把属人的本质活动变成了仅仅为维持生活的手段。人的类生活同个人生活异化时，异化劳动从人那里夺去了他的生产对象，人的类本质，无论是自然界，还是人的精神的类能力，都变成了对人来说是异己的本质，变成维持其个人生存的手段。

（三）人的本质的复归：克服异化的条件的生成

与封建等级社会、特权社会搏斗而建立的，标榜"天赋人权""自由""平等"等美好权利的现代资本主义社会，其所有权利是以"私有财产"为基础的，拥有的权利来自口袋里的货币。而工人作为现代社会的直接生产者，恰恰不被这个社会所承认，被这个社会所抛弃，因为现代社会的基本原则是保护私有财产，"私有财产神圣不可侵犯"，工人恰恰是"完全没有财产"的人,是生产社会财富却又被这个社会在根本原则上不予承认的人,工人阶级因而内在地成为不属于这个社会的因素。现代资本主义社会越发展、资本主义生产体系越生产、社会财富越积累,工人就越从广度、深度上不属于这个社会,现代资本主义生产机制从根本上在持续不断地生产着否定自身的力量,"共产主义对我们来说不是应当确立的状况,不是现实应当与之相适应的理想",这个消灭现存状况的现实运动是由现有的前提产生的。

马克思说,人"只有在现实的世界中并使用现实的手段才能实现真正的解放"[①]。在私有制不断生产消灭自己的因素的历史发展中,正如"没有蒸汽机和珍妮走锭精纺机就不能消灭奴隶制;没有改良的农业就不能消灭农奴制;当人们还不能使自己的吃喝住穿在质和量方面得到充分保证的时候,人们就根本不能获得解放"[②],当下社会的生产力与科学技术水平所创造的物质财富,在客观上具备了保证人的生存基本需要之吃穿住用行等方面在质和量上的需要的能力。

扬弃异化劳动,即扬弃私有制,使得劳动作为人的本质活动重新属于人,将全部人类活动即工业所生产的现实世界重新复归于人,能够让工业作为人的本质力量真正重新成为人生活的基础。在这个意义上,劳动作为人的本质力量呈现的对象性活动,经由异化劳动的非人的发展,成为人的自由全面发展的准备条件。一旦生产力、社会状况、自觉承担历史使命的革命群众等现实物质条件具备,资本主义自身生产的否定性因素,即无产阶级,就会突破资本主义社会关系、生产关系的外壳,将其从因为完全无财产而被现存社会所不承认的生存状况中解放出来,生产实践的主体与劳动的物质条件就会以自觉自愿的而非被迫的分工,重新结合共同活动,实现人的自由全面发展。至此,"全部历史是为了使人作为人的需要成为需要而作准备的历史"[③]。

第一,让劳动成为劳动,即克服劳动的异化。在人的生命活动施行过程

[①][②] 《马克思恩格斯文集》第1卷,人民出版社2009年版,第527页。
[③] [德]马克思:《1844年经济学哲学手稿》,人民出版社2008年版,第90页。

中,劳动具有双重性,一方面打破人与其打交道的世界的自在存在之间的区隔,在人生产自己的物质生活的过程中,在劳动产品中,人的本质力量对象化到自在之物上,使得自在之物成为为我之物,"一当开始生产自己的生活资料,即迈出由他们的肉体组织所决定的这一步的时候,人本身就开始把自己和动物区别开来"①。劳动与动物本能活动的区别使得人从自然界中走了出来,人在自己的劳动中将自己创造出来,独属于人的生命活动、与其他生物的自我保存与繁衍类似的活动都有了属于人的特性,谋生性活动自一开始的狩猎采集发展为农业畜牧业,繁衍新的生命的活动产生了最初的社会关系——家庭,在其谋生的生产性活动变得越来越复杂时,社会关系也变得越来越复杂。这样的劳动作为人的本质的生成的对象性活动,不仅生产自己的物质生活,同时生产出社会关系,这使得生产劳动一开始就具有了创造性、自由性。

另一方面,随着谋生活动之生产劳动的发展,剩余劳动产品出现,私有制、阶级、国家渐次产生,基于物质生活生产形成的社会关系复杂起来,形成了奴隶劳动为基础的奴隶社会、农奴劳动为基础的封建社会,一直到雇佣劳动为基础的现代市民社会。这一发展过程中,作为区分人与其他生物的、独属于人的本质性活动的劳动,对于劳动者本人而言越来越成为非人的活动,劳动者在劳动中感受到的不是自由和创造,而是不幸,使得自己肉体受折磨、精神遭摧残②,人像逃避瘟疫一样逃避劳动,只在不劳动时才感受到自己像个人一样活着。因为他的劳动不是自愿的,而是强制劳动。这一本属于人的自由、创造性的活动成为摧残人的肉体和精神的活动,哲学上可以称之为"异化劳动",马克思在《1844年经济学哲学手稿》中有专门关于"异化劳动"的阐述;政治经济学视角下可以称之为:用于以交换为目的的生产,形成交换价值的劳动。《资本论》第一篇关于商品拜物教一节中,商品二因素与劳动两重性之劳动价值论为基础的"剩余价值理论"揭示了这种形成

---

① 《马克思恩格斯选集》第1卷,人民出版社2012年版,第147页。
② [德]马克思:《1844年经济学哲学手稿》,人民出版社2008年版,第54页。

交换价值,或者作为商品价值唯一源泉的劳动的秘密。这两个称谓在不同的视角下对同一劳动进行了"祛蔽",这个劳动本属于人,却成为人要千方百计逃离的生命活动,即使是"有害的、招致灾难的劳动"①,这"是工业和社会状况的产物,是历史的产物,是世世代代活动的结果,其中每一代都立足于前一代所奠定的基础上,继续发展前一代的工业和交往,并随着需要的改变而改变他们的社会制度"②。这一历史的过程是物质生活的生产,在私有制力量下表现为手段,谋生的手段——雇佣劳动。对资本家而言是生产性地使用和消费了预付资本中作为劳动力价值即工资的部分,雇佣劳动源源不断地创造新价值;对工人而言,雇佣劳动赚取劳动力价值从而交换到生活资料,生活资料迟早被消费掉,而不具有生产性,工人必须为了生存而继续出卖劳动力,重新获取所需生活资料的交换价值(即工资)。劳动是工人自主选择的行动,为生存所选择的但又不是出于自愿的强制的劳动。这样的劳动,就其本身而言不是工人的目的,换句话说,劳动及劳动结果都不属于工人。对工人而言,只有这种劳动停止以后,在吃饭休息时,"在运用自己的动物机能……的时候,才觉得自己在自由活动,而在运用人的机能时,觉得自己只不过是动物","动物的东西成为人的东西,而人的东西成为动物的东西"③。

由此可以看出,工人劳动的意义不是创造庞大商品表现的社会财富,这不是工人现实生活的意义和目的,工人被迫劳动,目的是赚钱维持生存,这是使得他能够获取交换生活资料的价值从而维持其生存的手段,如此,雇佣工人便真正把自己生产出来了,只不过是作为资本主义生产所需要的劳动者而不是现实的感性个体的存在。"劳动现在是自主活动的唯一可能的形式,然而正如我们看到的,也是自主活动的否定形式"④。

第二,这样的劳动在生产物质生活的历史中,经历了自主活动、自主活

---

① [德]马克思:《1844年经济学哲学手稿》,人民出版社2008年版,第13页。
② 《马克思恩格斯选集》第1卷,人民出版社2012年版,第155页。
③ [德]马克思:《1844年经济学哲学手稿》,人民出版社2008年版,第55页。
④ 《马克思恩格斯选集》第1卷,人民出版社2012年版,第209页。

动否定形式的发展,在自主活动否定形式的发展中生产否定之否定发展的因素。劳动的异化发展实际地反对着异化劳动自身,现实承担这一反对与否定发展的主体——工人正使得现存世界革命化,"自我异化的扬弃同自我异化走的是一条道路"①。劳动的自由创造性复归劳动者,作为劳动者本质力量存在的显现,劳动本身即目的即意义,而非手段工具,这一次否定的基本条件在于使得劳动异化的前提——私有制力量瓦解,对私有财产的积极扬弃,将想象为共同利益的虚幻共同体国家废除,但是这一历程是未完成的,当下仍然处于私有财产即人的异化的影响中,比如建立起无产阶级政权的社会主义性质国家,作为向社会主义的过渡阶段,不仅仅国家的政治性质仍然存在,生产资料从私有制变成公有制,仍然以国家或者集体为代表,同时,为了解放发展生产力,建立了社会主义市场经济体制,市场经济中的物权即私有财产,因此在社会主义初级阶段,劳动被抽象化交换价值的现象依然存在。

综上,扬弃异化劳动,达到人的自我异化的积极扬弃,使得劳动成为通过人并且为了人而使得人真正占有自己的本质,所需要的历史条件为:

第一,需要发达生产力水平和物质财富极大丰富,为人类能够摆脱自然对人的束缚以及自然生存条件对人的生命活动展开的束缚提供物质生活条件,此时劳动作为人的本质力量的对象性活动,其本身成为意义,而不是单纯赚钱养活劳动者的手段。当下的社会现实是全球范围内,私有制力量依然强大,同时人类科学技术的发展水平还不足以使得人能够彻底摆脱自然对人的束缚,在局部国家和地区以社会主义的方式发展自身,限制私有财产、资本对劳动的奴役与剥削,使得劳动成为创造性活动、属于人的本质活动。

第二,积极扬弃私有财产。私有财产即"人变成对自己来说是对象性的",也即"变成异己的和非人的对象"②,"他的生命表现就是他的生命的外化,他的现实就是他的非现实化,就是异己的现实"③。因此,对私有财产的积极扬弃,就是"为了人并且通过人对人的本质和人的生命、对象性的人和

---

① [德]马克思:《1844年经济学哲学手稿》,人民出版社2008年版,第78页。
②③ [德]马克思:《1844年经济学哲学手稿》,人民出版社2008年版,第85页。

人的作品的感性的占有","以一种全面的方式,即作为一个总体的人,占有自己的全面的本质"①。人生产自己和他人的生命活动去除了"资本逻辑"的生产性,市民社会就失去了私有财产这个现实根基,"当对象对人来说成为人的对象或者说成为对象性的人的时候,人才不致在自己的对象中丧失自身。只有当对象对人来说成为社会的对象,人本身对自己来说成为社会的存在物,而社会在这个对象中对人来说成为本质的时候,这种情况才是可能的"②。真实的共同体之"人类社会"乃是扬弃了私有财产的社会的整个运动的结果:人如何生产人,即生产自己和他人生命的生产活动,直接体现"他的个性的对象如何是他自己为别人的存在,同时是这个别人的存在,而且也是这个别人为他的存在"③。"正像社会本身生产作为人的人一样,社会也是由人生产的。活动和享受,无论就其内容或就其存在方式来说,都是社会的活动和社会的享受。"④在此种意义上的社会,即扬弃了私有财产的社会基础上,"自然界的人的本质只有对社会的人来说才是存在的"⑤。由此,从绿色发展视域下人的生存方式的角度来看,以创造性自由的劳动作为存在意义,当下的变革需要立足社会现实即劳动价值论起作用的范围内,首先将生命时间与空间从依然作为手段的劳动中解放出来,将生命从劳作中拯救出来,人在劳动时间和非劳动时间,以自由创造性活动的施行作为生存方式,于非劳动时间进行的生命活动即休闲,从而实现"社会中,自然界是人自己的人存在的基础,人的现实的生活要素……人的自然的存在对他来说才是自己的人的存在,并且自然界对他来说才成为人"⑥。

二、绿色发展视域下自然的人的本质的生成

马克思在《1844年经济学哲学手稿》中强调,"自然界,就它自身不是

---

① [德]马克思:《1844年经济学哲学手稿》,人民出版社2008年版,第85页。
②③ [德]马克思:《1844年经济学哲学手稿》,人民出版社2008年版,第86页。
④ [德]马克思:《1844年经济学哲学手稿》,人民出版社2008年版,第82—83页。
⑤⑥ [德]马克思:《1844年经济学哲学手稿》,人民出版社2008年版,第83页。

人的身体而言,是人的无机的身体"①,对于人的存在而言,自然首先整个地被当作直接的生活资料,随之是作为人的生命活动的对象和工具,即生产人的物质生活条件的条件,人以自然为自身存续的条件,人本身即是自然界的一部分。自然界既是人的本质力量得以确证的对象,又是展开对象性活动的条件。人在自己有意识的生产生活本身的生命活动中,并不是像动物那样只生产自己或者它的后代所直接需要的东西,人的生产是全面的,包括自身以及自身的活动对象。在此意义上,人再生产整个自然界。"对社会主义的人来说,整个所谓世界历史不外是人通过人的劳动而诞生的过程,是自然界对人来说的生成过程"②,"历史本身是自然史的一个现实部分,即自然界生成为人这一过程的一个现实部分"③,"在人类历史中即在人类社会的形成过程中生成的自然界,是人的现实的自然界;因此,通过工业——尽管以异化的形式——形成的自然界,是真正的、人本学的自然界"④。

因此,自然在人的生成中的存在意义的否定之否定发展,正是人与自然和谐共生这一硬币的另一面。

(一)劳动对象意义上自然的自然存在

生产实践活动作为人类社会存在和发展的基础,一开始就是个双重过程,既是人的自然的本质的生成过程,也是自然的人的本质的生成过程。生产劳动对人来说是现实的、感性的,并不意味着可以仅凭自身来施行。人的本质力量的呈现必然要体现在异己的对象上,即自然。此时,自然就作为独立自存的自在存在而呈现于人的对象性活动中,成为人的本质力量的确证。自然经由生产劳动,被人意识到其自然的、异己的存在特性。而人的生产劳动是为了人的生存而进行的生命活动。人不能凭靠自己独自生存,必须与自然进行最起码的能量交换,实现生命有机体的生长发育。所以自然的异

---

① 《马克思恩格斯文集》第1卷,人民出版社2009年版,第161页。
② 《马克思恩格斯文集》第1卷,人民出版社2009年版,第196页。
③ 《马克思恩格斯文集》第1卷,人民出版社2009年版,第194页。
④ 《马克思恩格斯文集》第1卷,人民出版社2009年版,第193页。

己的特性就被劳动改造成为人的生存的、为我的自为存在。

在生物本能需要满足的意义上,劳动能够成为人的本质力量的对象性活动,与本能活动的本质区别可举例说明。例如,生物都必须用食物满足身体能量需要,羊饿了吃草,人饿了采集野果和狩猎,继而发展出了农业和畜牧业,这里,羊和人最终都会将自己的食物消耗掉。但是比较而言,动物消耗食物是通过直接否定来满足欲望,人的劳动对于对象的否定,则体现出欲望的延迟满足,人在植物或者动物的身上,经过工具比如刀、灶火等的中介,加工制作后满足饥饿。

在劳动的过程中,劳动对象即原材料被加工的过程,即是对自然物原来的存在的否定,比如从结构上、排序上,重新建构其存在形式,创造出自然界没有的东西,如眼镜、汽车等。这个作品或者劳动产品的诞生,既是生产创造新的东西的过程,又是一个否定原来自然物存在的过程。

动物的本能活动则是直接否定用来满足欲望的对象,比如羊饿了吃掉草,猴子饿了吃掉香蕉。这种满足欲望的本能活动的对象作为食物被直接消耗,随着这一行动的结束,羊和草的关系便直接结束,羊和草仍然是各自独立的存在,草对于羊仍然是异己的他物。出于自然意识即生存本能的需要,这个异己的他物是动物所欲求的对象,动物受制于这个欲求对象本身。当自然环境发生改变时,比如对羊而言可食用的草不存在了,羊这个种群就会消失,或者经历自然选择进化成为能适应新环境的物种,就像恐龙从地球消失,人类在化石或者其他物种身上找到恐龙存在过的痕迹一样。这便是动物的本能活动:成功获取并消耗掉它欲求的对象,但是这个对象依然是自在的,而不是为我的,每一次的捕食所造成的对象关系都是个别的、偶然的、转瞬即逝的,动物与满足其欲求的对象之间无法产生真正的关系。

在此意义上,自然作为人的本质活动对象性地存在着,"没有自然界,没有感性的外部世界,工人什么也不能创造"[①],自然作为人的本质活动、本质

---

① 《马克思恩格斯文集》第1卷,人民出版社2009年版,第158页。

力量的对象,相对于人独立自存,对人来说是必要的,也是先在的。

(二)劳动使得自然的自在存在成为自为存在

动物的"一次性情境"是片段的、非连续性的,仅限于满足当下本能需要的活动,"动物和自己的生命活动是直接同一的,动物不把自己同自己的生命活动本身区别开来,它就是自己的生命活动"[①]。蚂蚁、蜜蜂、羊等生物自打作为蚂蚁、蜜蜂、羊等种属生成,其生存方式就自始至终不曾改变,一旦发生改变即意味着其物种也发生了改变。人类的生命活动——劳动则不同。人为了活着必须劳动,必须以自己的劳动创造和生产自己的生活,从而形成自己的属人的生存方式。相比较于动物的本能活动,"人则使自己的生命活动本身成为自己意志的和自己意识的对象"[②]。这种规定使得人自己的生活、生产生活的活动成为人的对象,这既是实践的劳动的对象,也是思维的意识的对象,在这个意义上,即"这种有意识的生命活动,不是人与之直接融为一体的那种规定性",人的生命活动成为自由的活动,具有不受制于欲望依赖的对象的可能与现实。但是这种自由在异化劳动中,使得人的本质性活动变成了仅仅为维持自己生存的手段。

人在创造自己的吃穿住用等生活需要的物质资料,并用劳动产品满足自己生存需要时,来自自然的劳动对象与劳动资料(生产工具作为劳动产品)获得一种持久性存在,自然就以这种独立自存的方式进入人的生存世界,人的生命活动的对象必然地不是人自身。在此意义上,人为了生存,就必须一刻不停地进行劳动。在这个过程中,人会始终与自然处于这样一种关系,这种关系是为了活着而进行必需的生命活动,从而获得"为我的"特性;而作为对象性活动的劳动,其活动对象必须是异己的自然。人生存于自然中,必须从自然中获取生存资料,这个生存资料不像动物那样可以通过直接消耗来满足人的生存需要,因为大自然没有熟食、衣物和遮风挡雨的房屋,更没有交通工具、生产工具帮助人获取生存物资而活下去。

[①][②] 《马克思恩格斯选集》第1卷,人民出版社2012年版,第56页。

因此，人要生存，必须通过劳动扬弃其活动对象的异己性，即对自然界中可以作为劳动对象的存在物进行加工改造，从而把这个异己的他物做成"为我之物"，就如同把羊烹饪成羊排，把棉花制成衣服，等等。这个否定对象的过程，即制作过程，并不是一帆风顺的，恰恰是不顺利的时候，作为劳动对象的自然，才会更加凸显到人的世界中，人便意识到他的活动所指向的对象的独立自存性，展开对他的活动所指向对象的试探和思考。以生产工具作为划分时代的客观依据，恰恰体现出人类在这样的生产实践中经历了漫长曲折的过程。人类历史目前可以追溯到大约数百万年前，旧石器、新石器时代在距今两三百万年到不足五千年前，青铜器时代距今三五千年，铁器时代距今约两三千年。迄今为止人类全部生命活动的结晶便是工业，机器大工业开启的现代社会则至多可以追溯到三百年前，"工业的历史和工业的已经生成的对象性的存在是一本打开了的关于人的本质力量的书"[①]。马克思所说的这本书的生成既是人类本质的生成过程，也是自然界的人的本质的生成过程。

人随着自己生命活动的展开，生命本质力量不断涌现，在自然这一对象上得以呈现；同时，自然也在人的生命活动中不断向人展开自身的存在。作为人的活动对象，自然的边界在不断拓展，人所接触到的自然的范围不断扩大，人所不曾踏足、不曾触摸的领域也随之不断增大。这就使得人类对世界了解得越多，越认识到自己的无知。因此，人在自己的生存实践中所遭遇的对象，一般都是"狭路相逢"，而在生存困境中需要变革现实、变革活动，自然不断地在这个过程中来到人的面前，并将作为对象的自然的异己的特性转变成"为我的"存在。这种转变的实现是现实的、感性的，实实在在的变革现实的活动，这种活动要想成为现实的、感性的，那么作为对象的自然就必须被了解、被认知，在遭遇的困境中发现问题，在被把握到的诸多现象中找出必然的、本质的联系即规律，从而在遵循自然规律的基础上，进行主观改造，使本是独立自存的活动对象转变成为我的存在。这便是自然科学

[①] ［德］马克思：《1844年经济学哲学手稿》，人民出版社2008年版，第88页。

的历史,自然科学正是在人的生命活动中,从打交道的世界的认知活动中得到积累与发展的,"自然科学展开了大规模的活动并且占有了不断增多的材料……通过工业日益在实践上进入人的生活,改造人的生活,并为人的解放作准备"①。

  人类对自然认识的进展并非是线性的、匀速的过程。人类迈入旧石器、新石器时代耗费了几百万年的时光,初民在生命活动中生产出自己的本质,即经常性制造和使用工具,这个作为人区别于其他存在物的定义,经过了几百万年时光才达成。旧石器时代的工具比起自然物,多了的那一点点有意识的设计弥足珍贵,虽然很原始,但是已经能使得自然物与人的工具区别开来。因为工具有设计的目的,有适合用的场景,甚至在直接作为生活和生产工具的功能性地位消失以后,依然可以在超越日常生活功能性的基础上被赋予纪念意义,比如后母戊鼎、一些玉石做的器皿等,起初是作为生活器物来生产的,但是随着生产力的发展与提升,这些器物丧失了作为生活用具的功能,而作为先辈们生活的遗迹,可以寄托哀思,可以抚今追昔,可以成为一种美的欣赏,等等。如此,实用的制作活动就不再局限于生活器物的功能,而是成为审美的活动,成为以美的尺度进行创造的活动。这一活动的实现,既体现了人的自由的本质的丰富,也体现了人对自然的认识、把握程度的加深。玉石、泥土、水、火、植物等自然存在,作为人类生命活动的对象,需要首先被看到,其次激发人去研究这个作为对象的自然本质的兴趣,这是自然的人的本质的生成过程,同时也是自然科学的形成发展过程。自然科学结合资本的力量,使得自然科学日益在工业中展现人类的认知成果:只有正确地把握自然规律,才能顺利地开展工业即劳动。在此意义上,工业史是自然界对人,因而也是自然科学对人的现实的历史关系的展开。这个过程持续不断地进行,人就创造了属于人的生活世界、文化世界,人以生活在自己创造的文化世界中的方式真正生活在自然界,这就是人的自然的本质,与人的自然的本质的生成过程。

---

  ① [德]马克思:《1844年经济学哲学手稿》,人民出版社2008年版,第89页。

对于人而言,其特性恰恰是没有先天的规定性,人不是现成的、被给定好的,而是在于人去生存的这个过程。此外,要想在自然界生存下来,显然人要通过群体活动才能做到。物质生活的生产方式,是许多人以一定的——不论什么条件、什么方式和什么目的——方式或者工业阶段共同活动的总和。"一定的生产方式或一定的工业阶段始终是与一定的共同活动方式或一定的社会阶段联系着的,而这种共同活动方式本身就是'生产力'"[1]。

作为自然存在的人的自然本质的生成,也是自然的生成的一部分。人满足生存需要的生命活动既是对自己生命的生产,也是对其他生命的生产,而无论是通过劳动生产自己的生命还是通过生育生产他人的生命,其生命活动同时表现为双重关系,一方面是自然关系,另一方面是社会关系。也就是说,人意识到必须和周围的个人来往后,随之就会意识到人总是生活在社会中的。[2]"人和绵羊的不同在于:他的意识代替了他的本能,或者说他的本能是被意识到了的本能。由于生产效率的提高,需要的增长以及作为二者基础的人口的增多,这种部落意识获得了进一步的发展和提高。……分工发展起来,……分工只是从物质劳动和精神劳动分离的时候起才真正成为分工"[3],从这时起意识"才能现实地想象:它是和现存实践的意识不同的某种东西;它不用想象某种现实的东西就能现实地想象某种东西","意识才能摆脱世界而去构造'纯粹的理论、神学、哲学、道德等等'",而一旦这些意识构造的东西与现存的关系发生了矛盾,那仅仅是因为"现存的社会关系同现存的生产力发生了矛盾"[4]。

从物质生产实践看人的生存方式,会发现历史的每一阶段都会遇到一定的物质结果和一定的生产力总和,人对自然以及个人之间历史地形成关系,每一个阶段都预先规定了新一代的生活条件,使其具有一定的发展和特殊性质。人创造环境,环境也同样创造人。每个个人和每一代遇到的现

---

[1] 《马克思恩格斯选集》第1卷,人民出版社2012年版,第160页。
[2] 《马克思恩格斯选集》第1卷,人民出版社2012年版,第161页。
[3][4] 《马克思恩格斯选集》第1卷,人民出版社2012年版,第162页。

有物,都是生产力、资金和社会交往形式的总和。①这样的生活条件还决定着历史上周期性的革命因素是否能够强大到具有涤荡一切的力量,一是有一定的生产力,二是形成反抗旧社会的个别条件及其反抗的主体"革命群众"。"批判的武器当然不能代替武器的批判,物质力量只能用物质力量来摧毁,但是理论一经掌握群众,也会变成物质力量。理论只要说服人,就能掌握群众;而理论只要彻底,就能说服人。所谓彻底,就是抓住事物的根本。而人的根本就是人本身"②,"人不是抽象的蛰居于世界之外的存在物,人就是人的世界,就是国家,社会"③,人的本质"不是单个人所固有的抽象物,在其现实性上,它是一切社会关系的总和"④。

生产人类生活的活动,即物质生活的生产活动,就是劳动。这一过程,既是劳动使得人成为人,生成人的自然的本质的过程,也是自然的或者说"真正的、人本学的自然界"的生成过程。

(三)扬弃异化劳动:自然复归于人

属于人的天性本质是人自己劳动创造出来的,劳动从异己的感性事物出发,经由劳动,扬弃他物的异己特性,生产出"为我的"存在,即满足人的生存需要的劳动产品。这便是生存的自然意识在劳动中被教化为"人的意识"的过程:劳动着的意识作为自知的人的意识在劳动中,借由对对象的异己特性的扬弃,使得对象的异己的"自在存在"成为为我的"自为存在",人的意识或者精神"就是在异己的东西里认识自己本身,在异己的东西里感到是在自己的家里"⑤。劳动过程主体客体化与客体主体化的过程又是自然的人的本质的生成过程,人必须生存在自然之中,但是,人要在自然中生存,又必须通过自己劳动所创造的生存方式才能实现。人类全部的生命活动,迄今为止创造出现代社会,从物质生活生产上而言,劳动这一对象性活

---

① 《马克思恩格斯选集》第1卷,人民出版社2012年版,第173页。
② 《马克思恩格斯选集》第1卷,人民出版社2012年版,第10页。
③ 《马克思恩格斯选集》第1卷,人民出版社2012年版,第1页。
④ 《马克思恩格斯选集》第1卷,人民出版社2012年版,第139页。
⑤ [德]伽达默尔:《真理与方法》上卷,上海译文出版社1992年版,第17页。

动所体现的人的本质力量,以生成的对象性存在之工业呈现于世界,摆在人类面前。工业以异化的形式,即劳动以同自身、人的对象化本质力量异化的又有用的对象形式呈现于人的面前。这种持久性存在使得劳动主体与劳动对象、劳动工具建立起关系,而这种对象性活动在人的持续生存中成为经常性——经常性制造和使用工具以谋取人类生活资料的活动。

人通过劳动带来的世界是人与自然共在的世界,而生产物质生活的生命活动必然要与世界打交道。在现实层面,人首先是为了活着而生产自己的物质生活,在对自然没有先行的认知的情况下,便在与世界打交道的过程中形成原初的生存经验,尤其在遭遇挫折时,其生命活动所指向的对象便来到人的面前,人的生命活动所指向的对象便与人从生存实践的关系进入认识关系,认识论中的主客体关系在此意义上是不可避免的,这是人类认识世界的必然结果。人在生产实践中开始对自然的认识,自然科学逐步形成,科学技术产业化使得自然科学能够认识和占有的自然的材料越发增多,人类对自然的认识逐步加深,自然的本质不断经由人的实践劳动向人敞开。在此意义上,自然的人的本质生成与人的自然的本质生成是同一过程。

自然在人的两种生产中,随着人的活动向人类展开自身存在,人类生命活动的丰富一方面是自身作为人的生成过程,另一方面也是自然向人展开其丰富性的历史。人的生成过程,内在地体现为对自然丰富性的展开程度,在自然作为本性的本质角度来讲,人之为人不是大自然一开始就给定的,是人自身基于自然条件——既包括自然发育的生物机能,也包括人产生和存在的自然条件——将属于人的存在意义与存在方式生产出来的,基于此,人的存在即意义,怎样生产、生产什么,人就是什么样的。工业力量是人的本质力量的公开展示,可以理解为,人类对自然的认识发展成为自然科学,自然科学进一步展开,不断丰富占有增多的材料,并摆脱了纯粹启蒙、有用性和某些伟大发现的自由,日渐与工业结合,即科学生产化,使得自然科学通过工业日益在实践上进入人的生活、改造人的生活,为人的解放作准备,尽管在工业时期,这种准备工作是以非人的发展而进行的。工业作为一本打开的关于人的本质力量的书呈现在人的面前,却是以异己的、不属于人的方式即异化的形式存在着。人类创造历史的过程就是在人类社会的形成过程中生成自然界,或者说自然界生成的过程。在人的现实的自然界,自在自然只在认识论意义上存在,凡与人的生存发生关系的,无论生产性关系,还是认识论或价值意义关系,这样的自然都从自在存在生成为自为存在。因此,人的现实的自然必然是自为存在,但具有自在存在的性质,是与人相区分意义上的自然;同时,人与自然的共在是建立在人与自然相分的基础上的,也是有区别的共在。

历史本身是自然史的即自然界生成为人这一过程的一个现实部分[①],同时也是自然的人类社会的生成过程,人与人类社会作为自然存在,不是现成的、给定的,而是随着人的生命活动不断丰富发展形成的,人的自然的存在本身就是人本学的、社会性的自然界。在此意义上,人与自然生命共同体才有现实和理论基础,以绿色发展为目标的人的生存方式才能越来越多地践行发展理念。

能够肩负起扬弃私有财产、占有工业或者劳动迄今为止创造的一切成果,从而使自身从异己的劳动中解放出来的"革命群众",不仅仅是"一个除自己的劳动力以外没有任何其他财产的人",他们还必须意识到自己生存处境的根源,对自己的生存方式进行意识、自觉的反思,意识到自身因为没有其他财产而不得不出卖自己的劳动力、获得劳动力价值以谋生这一被迫的生活方式;理解工资的秘密,即劳动力价值这种维持工人作为工人的生存资料所需要的价值,既不是资本家发善心的慈悲给予,也不是享有了自己创造的社会财富中的一部分,工人创造的剩余价值,其分配中没有工人的位置。不是大自然没有给予工人生存条件,而是资本主义社会的私有财产作为权利的基础,不承认一无所有者的权利,工人不被资本主义社会平等对待,自然不会有他作为人应该享有的权利。标准工作日的斗争就是工人为自己争取作为人,拥有劳动时间以外的时间的斗争,以法律的形式确定标准工作日,明确劳动时间在何时停止,属于工人自己的时间从何时开始。这种改良式运动取得的斗争成果虽然没能从根本上改变工人的生存处境,但是最为重要的是,工人在斗争中会意识到,工人必须联合起来,成为团结起来

---

① [德]马克思:《1844年经济学哲学手稿》,人民出版社2008年版,第90页。

的阶级力量，这是革命群众的形成过程，他们肩负起自己解放自己，进而实现全人类解放的历史任务。

革命的群众必须意识到自己生存处境的生产机制，以彻底的、革命的理论武装头脑，"批判的武器不能代替武器的批判，物质力量只能用物质力量来摧毁，但是理论一经掌握群众，也会变成物质力量"[①]。工人的劳动力被资本家购买后，作为人力资源与劳动的物质条件即生产资料相结合，从而实现资本主义生产，工人在工厂中劳动就是资本家对劳动力商品的消费与使用，工人的劳动不属于自己，工人的劳动产品作为工人本质力量的对象化也不属于工人，并且还会成为新的资本来购买更多的劳动力商品。工资之所以能够精准对标工人所需的生存资料的价值，是因为有失业大军的存在，工人和工人之间为了求生存——出售自己的劳动力就是活下去的机会——而相互竞争。剩余价值是工人创造的被资本家无偿占有的价值，而资本家作为资本代言人，其本性就是追逐剩余价值；同时，资本的存在前提是工人自由地一无所有，以至于只能将自己唯一拥有的劳动力作为商品出售给资本家，所以在私有制下，劳动的物质条件与劳动者相分离，必须让工人维持在生存的边缘，以避免使得工人有逃脱生产体系的机会。不同的资本家之间同样是竞争关系，资本追逐剩余价值的过程也是自由竞争的过程，赚取剩余价值越多就越具竞争优势，越有竞争优势就越能赚取更多的剩余价值；资本和资本之间也是你死我活的斗争，一旦在竞争中失败并破产，就会在资本代言人的竞争中被淘汰，成为工人阶级的一员，成为被社会不承认的非存在。

资本主义生产源源不断地将工人"生产"出来，解放工人，绝不仅仅是理论的批判，扬弃人的本质力量的对象化形式，"不是舍弃和丧失，绝不是返回非自然的、不发达的简单状态去的贫困。恰恰相反，它们倒是人的本质的或作为某种现实东西的人的本质的现实的生成，对人来说的真正的实现"[②]。现实的社会主义运动，需要这种自觉的承担者、主体，需要工人在自己的生

---

① 《马克思恩格斯选集》第1卷，人民出版社2012年版，第9—10页。
② ［德］马克思：《1844年经济学哲学手稿》，人民出版社2008年版，第112—113页。

存活动中将自己教育成为能够解放自己的承担者,在实现自身解放的同时解放全人类,实现扬弃人的本质力量异化的形式、扬弃资本主义私有制的社会主义社会,在此前提下"人如何生产人——他自己和别人,直接体现他的个性的对象如何是他自己为别人的存在,同时是这个别人的存在,而且也是这个别人为他的存在,无论是劳动的材料还是作为主体的人,都是运动的结果又是运动的出发点"[1],这个运动真正实现人是社会的存在,"正像社会本身生产作为人的人一样,社会也是由人生产的。活动和享受,无论就其内容或就其存在方式来说,都是社会的活动和社会的享受"[2];在扬弃了私有财产的社会主义社会,"自然界的人的本质只有对社会的人来说才是存在的,只有在社会中,自然界对人来说才是人与人联系的纽带,才是他为别人的存在和别人为他的存在,只有在社会中的人,自然界才是人自己的人的存在的基础,才是现实的生活要素。人的自然界对他来说才是自己的人的存在,并且自然界对他来说才成为人。因此,社会是人同自然的完成了的本质的统一,是自然界的真正复活"[3]。

资本主义生产体系下的生活方式变革始终被资本主义生产体系所定义,被资本增殖所规定,而绿色发展视域下人的生存方式变革,实现了人和自然的和谐共生、人与自然生命共同体的建构,在马克思主义理论视域内,这不是生活方式的变革,而是生产方式的根本变革,是生产关系的社会主义的变革。在此意义上,绿色发展视域下的生存方式研究,一是有助于重构人的存在意义,将经济理性所导致的人的生产性存在与消费性存在所发展的丰富性复归于人,恢复自由自觉劳动作为人的本质力量的实践与人的自由全面发展;二是有助于重构人与自然的关系,建构人与自然生命共同体;三是有助于重构人与人的关系,将现代性资本原则以市场经济为中介的人与人分裂对立的关系克服,重新建立共同体或者自由人联合体,以共同体为基础,实现人的自由全面发展。

---

[1] [德]马克思:《1844年经济学哲学手稿》,人民出版社2008年版,第84页。
[2][3] [德]马克思:《1844年经济学哲学手稿》,人民出版社2008年版,第85页。

第四章　中国式现代化进程中的生存理念重构

　　前文以劳动否定之否定的发展对人的生存作出生存论解读,也就是研究人的自然的本质与自然的人的本质的生成,界定了新时代实现人与自然和谐共生的绿色生存方式的本质内涵。而生产实践作为人生存发展的基础,自然的人的本质与人的自然的本质的生成则为同一过程。本章以中华优秀传统文化中的绿色思想、马克思主义理论指导下的中国特色社会主义实践经验为根基,借鉴西方文化催生的工业化、现代化实践的经验,对中国式现代化进程中的生存理念重构进行研究,探察人的生存方式的过去、现在与未来,把握绿色生存方式的现实物质条件与精神样式。

第一节　传统实体性共同体精神的继承与发展

　　走向现代性是工业化、技术化、现代化、功利化、抽象化的单向度发展,要求控制自然、抽象自然,反过来也剥夺了人,只留下了物性。与剥夺自然的生机一样,人的感性也被剥离,抽象的理性计算一切、量化一切、均质化一切。人自身的生产与社会的生产抽取了人生存的实质性内容,人的生存只剩下形式上的规定,即原子个人和理性经济人假设,社会以原子个人被赋予的,以自私自利为原则的交往形成虚幻的共同体。

　　中国绵延千年的文明史凝聚成精神样式,获得一种历史的、现实的存在，在与西方工业文明碰撞中，在凝固的精神样式与异己的、异质的文明体碰撞中反躬自省，虽然跌跌撞撞，却在世界史中再次焕发新的活力，重新确立起自己在全世界的地位。在这个过程中，传统的精神实体即华夏文明与中华民族面临的挑战，也基本可以从两个历史时期来看：抗争年代、民族独立解放完成之后的建设年代。广义上看，抗争年代也是重塑民族共同体及其精神的建设年代，但是其面临的挑战在不同的历史时期，触发了不同的碰撞。

抗争年代，共同体所遭遇的挑战在忧患中爆发出更强韧的生存意志，亡国灭种的危机使得每个个体与共同体结成真实的、感性的、血肉饱满的生命共同体，每个个体切身领会到"天下兴亡，匹夫有责"，没有国即没有家。为了保持在世界的存在，个体与共同体万众一心、众志成城。

建设年代，中国迎接着来自工业文明更为深刻的冲击，需要自身内部主动变革以谋生存谋发展，主要的外部威胁被以各种方式化解或保持在可控范围内，不断吸收工业文明的物质和精神成果，逐步改革与发展，历史和人民最终选择了社会主义道路。这条道路虽然基于中国现实，但显然与经典马克思主义中的科学社会主义不太符合，从社会生产力到人的精神观念、基本的生存方式、生存理念等都与科学社会主义仍有差别。中国的现代化进程在民族独立解放之时只是完成了准备工作，这个准备工作本身就是由近两百年无数志士仁人的鲜血铸就的，但对于中华民族与华夏文明而言，真正的现代化才刚刚开始。这一时期遭遇更多的是西方文明内核伴随其物质生产方式所带来的侵蚀，表现为个体与共同体在长远利益与当下利益间的张力，这种张力在改革开放期间表现为解放发展生产力，建立社会主义市场经济，古老的"义利之辨"重新回到当下的生活现实中。

一、救亡图存铸就实体性存在的共同体

在抗争年代，文明和民族生死存亡之际，原本的精神实体为了维持自身在世界史中的存在，爆发了空前的行动力与坚韧的精神，吸收一切有利于

生存和发展的人类文明成果,不利于共同体生存的因素则被具有实体性存在的共同体自然剔除,共同体实体性存在及其精神在这个过程中更加坚实。生活在这样历史中的个体因为与共同体同呼吸共命运,每个个体的行动选择也就是为其他个体的行动选择,万众一心为共同体之生存,即为个体之生存方式。先辈们寻找救亡图存之路,既是其个体生存之道,也是为民族中其他个体生存之道,更是为整个民族的生存之道。

1840年中国开始接轨世界,直面西方的冲击。自我认知落后、因落后而挨打,这是很长一段时间内人们对这段历史所汲取的认知与理解。救亡图存一度使得一部分人主张全面拥抱西方,比如胡适等;一部分先进知识分子如梁启超、辜鸿铭等在欧美游历并求学,认识到现代性精神样式之弊端,坚守传统,为当时之文化保守主义;一部分人在探索新的可能,在探索中,十月革命恰好送来了马列主义。

救亡图存是鸦片战争以来中华民族要解决的首要问题,面对东西差距,当时的政府一步步从技术、经济、体制、文化方面进行学习并力求改革。灵丹妙药也需要对症下药,从师夷长技以制夷到辛亥革命,历史告诉人们:科学技术与生产力的提高息息相关,工业化、现代化的进程是个系统工程,其生态、经济、政治、文化等各方面的发展是一个整体。旧的生产方式、上层建筑无法嫁接现代技术与生产力,单纯学习西方的政治制度缺乏群众基础,盲目照搬学习西方制度依然水土不服。

风起云涌的太平天国运动意味着旧的农业文明的承担者无法承接时代使命,洋务运动表明旧的农业文明中的统治阶级面对时代难题同样乏力,戊戌变法百日维新掀起的时代浪花很快被旧势力扑倒,但是时代大潮确实已然不可阻挡。晚清政府意识到再不变法祖宗基业不保,待出台废科举制、颁布《钦定宪法大纲》等系列举措却为时晚矣,轰轰烈烈的革命浪潮蓄势待发,辛亥革命终结了千年封建帝制。

然而在第一次世界大战前后的世界,帝国主义对中国的安排中没有让中国独立自主发展这一项,巴黎和会击碎了当时中国先进知识分子的理想,彻底将帝国主义的嘴脸、西方文明的底子暴露在中国先进知识分子面前,救亡图存的任务依然艰巨。科学、民主大旗在新文化运动先锋旗手们的努力下影响了大批的青年学子以及工人群众，人们将西方各家思想流派全都一股脑学习并试验，成立了许多学习小组，翻译、学习、研究并同时进行社会实验，誓要为苦难中的华夏蹚出一条路来。

天行健，君子以自强不息，天助自助者。在"一战"中有一种异乎寻常的人类文明诞生，这朵文明的"奇葩"便是列宁领导的、以马克思主义为指导思想的十月革命。十月革命一声炮响为中国送来了马克思列宁主义，中国近代救亡图存、实现工业化、现代化道路有了新的可能。帝国主义的薄弱链条破碎，世界上第一个社会主义国家建立，中国向西看的目光被北方邻居的剧变吸引。同是经济文化落后的农业大国，列宁领导建立起的社会主义苏联，对待中国平等与尊重的态度使得处在列强环伺下的中国感受到不一样的文明气象，这些给了当时苦苦寻求方向的中国先进知识分子新的灵感，革命出现了新的道路。

"一战"结束，作为战胜国的中国却在巴黎和会上遭受不平等对待，国内随后爆发"五四运动"，由此开始，中国的革命进入了新阶段，即新民主主义革命阶段，工人阶级作为独立的政治力量登上了历史舞台。1921年7月，无产阶级先锋队中国共产党成立，从此中国的革命面貌焕然一新，革命道路虽坎坷曲折，但前途一片光明。

近代百年的沉沦凝聚、淬炼了亿万华夏儿女的精神，以中国共产党为首的无数仁人志士英勇无畏、智慧果敢，通过顽强坚韧的拼搏建立起中华人民共和国。守常先生百年前大声疾呼，社会主义必不负中国，他日必将是赤旗的世界。这条道路是近代以来中华民族的脊梁、杰出儿女们历经坎坷探索，最终由人民共同选择的道路。在血与火的淬炼中，整个中华民族的精神再次与祖先们联结起来，个人荣辱与民族兴亡相融，中华民族的伟大复兴成为全球炎黄子孙的最大共识，这是百年抗争千年传承给予我们的馈赠。这份宝贵的精神财富成为新中国的精神底色，熔铸了先辈们近代百年的抗争精神，传承了华夏千年之民族气韵，斗争年代有百炼成钢、英勇无畏的战士，建设年代有先人后己不计得失的奉献与牺牲。

这一阶段，中国传统文化与西方殖民文化、工业文明发生了激烈碰撞，社会革命、文化洗礼都以疾风暴雨的姿态横扫中华大地，无产阶级政党领导新民主主义革命，充分运用三大法宝，将马列主义与中国革命凝结出第一个马克思主义中国化成果：毛泽东思想。先进知识分子与工人农民运动深度融合，在同呼吸共命运的革命中，救亡图存成为最广大人民群众的共识。广大人民凝聚起全民族的力量投身于这一事业，以农民最关心的土地问题为抓手，发动群众，实施土地革命，让人民理解为什么革命、革命的对象是谁以及怎样革命，"没有革命的理论就不会有革命的运动"[①]，必须以彻底的理论彻底武装头脑，使得承担现实变革的物质力量的物质载体——人民，真正成为自觉的变革世界的物质力量。

人民被凝聚成巨大的力量，成为一个坚实的有组织的共同体，中华民族的独立解放是每一个华夏儿女炎黄子孙矢志不渝的信念，这是一个实体性存在的共同体，其精神崇高伟大，其变革现实的力量无与伦比，在中国共产党的带领下推翻了三座大山，建立起了新中国。

二、近代中国抗争史实践与精神的生存论意义解读

这一共同体是革命年代坚韧不拔、拼搏奋进的果实，同时也是传承千年的历史始终自强不息所给予的馈赠。革命年代的疾风暴雨扫除了一切旧的生产关系以及政治的、经济的束缚，社会意识与社会存在并不会自然而然地协调一致，革命与战争时期的极端社会环境对人的大是大非的要求清晰果决，和平建设年代不再有强敌环伺，怎样建设我们的国家、怎样建设我们的党、建设什么样的国家、许人民怎样的一个未来，什么是社会主义、怎样建设社会主义等，不再是理论问题，而是现实工作与实践，"而今迈步从头越"的建设所需要的是铁杵绣花的功夫，正如毛泽东同志把中国共产党从农村进入城市形容为"进京赶考"，比起一考定乾坤，建设是个持久的，且一刻不

---

① 《列宁选集》第1卷，人民出版社1992年版，第274页。

能懈怠的过程,是持续不断的小目标实现链接起来的过程。《资治通鉴·唐纪》中魏徵问侍臣:"创业与守成孰难?"房玄龄曰:"草昧之初,与群雄并起角力而后臣之,创业难矣!"魏徵对曰:"自古帝王,莫不得之于艰难,失之于安逸,守成难矣!"古人有云,打江山易,守江山难,然则守人民的江山更难。

血与火的年代,人民在革命中树立起独立、自主、自强的精神,锤炼出坚韧、顽强的生命意志,赤裸的、充满生命力的精神鼓荡在这样一个由中国人民组成的共同体之中,每一个个体都是共同体的精神实体,共同体是由这每一个个体的精神意志的共同活动所凝结的。在这个共同体以外的个体看来,革命者的精神意志与选择显得匪夷所思、恍若虚构,甚至无法想象。这是因为万千革命者的行动逻辑不是自私自利的个人利益原则,他们的行动抉择是为了共同体中千千万万同胞及子孙后代的美好与幸福的未来,他们的行动本身就是他们的存在,看起来超越了个体利益,是因为他们的个体利益就是集体意义,是共同体中的每个个体的利益。这样的意志担得起黑格尔"实体即主体"的精神,当年黑格尔形容拿破仑为"马背上的世界精神",而在中国,万千的革命者向世界宣告着他们的存在意义。

第二节 当代义利观沿革下生存理念的融合与突破

中华人民共和国成立后,经过社会主义改造,全新的生产关系建立起来,工业化进程突飞猛进,在改革开放前的三十年里,尽管有着种种挫折与歧路,却建立起了一整套的国民经济体系,这也成为改革开放的基础。

一、市场经济中传统义利观的衍化与裂变

中国近代以来的第二次裂变也随之而来。以改革开放为分水岭,轰轰烈烈的建设年代正式拉开序幕,革命年代的血色渐渐褪去。中华人民共和国成立之初,全体中国人民承接着百年的苦难重新站起,一股血气凝聚心

头,勒紧腰带、饿着肚子搞国防、搞工业建设,打造起相对稳固的周边环境,与当时世界上的第一、第二、第三军事强国,甚至包括所谓的"联合国军"逐一交手,为新中国未来的建设赢得了相对稳定的国际环境。没有那份血勇与果敢,没有那一代人的理想与浪漫主义精神,如何吃得下几辈子的苦,为子孙计为后世计,新中国的建设,没有剥削、没有殖民、没有侵略,是靠自身的血泪汗水铸就的。民心可用,但是民也要生活。社会主义中国的建设是为了人民,安全与生存发展不是鱼与熊掌不可兼得,反而恰恰相辅相成,以邓小平同志为代表的新一代中国共产党人重新审视世界局势,确认和平与发展是时代主题,继而将改革开放作为基本国策,再次回答了社会主义本质是什么的问题,以及明确了我们将在相当长一段时间内处于社会主义过渡阶段,并为实现共同富裕小康生活制定了"三步走"战略,最大限度保障民生。

近代以来中国的第二次精神样式变革便从改革开放中再次展开,这一次比之鸦片战争,学习西方更加彻底。革命年代,民族危在旦夕,人民朝不保夕,家国一体的紧迫感是鲜明的,个人的荣辱得失与民族的存亡息息相关,同呼吸共命运是现实的、实在的,因此凝聚的精神样式也是实体性的。改革开放时期,和平与发展成为潮流,在个性解放、创新创业、市场大潮之下,个体与国家民族之间的联结隐居幕后,更加古老的议题——义利之辨成为核心议题。孔曰成仁,孟曰取义,和平年代以经济建设为中心,个人的成功和价值逐渐在市场经济的作用下与财富直接挂钩,借助资本与市场经济的力量发展生产力繁荣经济,创造社会物质财富,但同时个人主义、消费主义、物质主义等西方文明的顽疾也跟着到来,这种植根于西方文明物质生产与精神基因中的意识形态,紧随资本主义生产方式在全球不断扩张,正如《共产党宣言》中所描述的,"资产阶级由于一切生产工具的迅速改进,由于交通的极其便利,把一切民族甚至最野蛮的民族都卷到文明中来了……按照自己的面貌为自己创造出一个世界"[①],在世界史的展开中,一切文明卷入了资产阶级所塑造的世界,与它异质的文明不想灭亡就得被迫采用资产阶

[①] 《马克思恩格斯选集》第1卷,人民出版社2012年版,第404页。

级的生产方式。

于中国而言,裹挟改革开放市场经济大潮而来的资本主义的意识形态,同样在方方面面侵蚀着生活,非常典型地表现在为人们的生活带来了一个中心议题:义利之辨。这是个古老又现代的问题,也是关涉人类生存的现实问题。人类生存与发展遇到的种种问题离不开义利问题,归根结底源自"天下熙熙,皆为利来;天下攘攘,皆为利往"。

从人的现实的生存来说,即作为一个感性的、现实的、有血有肉的生命有机体,为了自己的生存,有意识、有目的、有计划地采取行动,必然要权衡利弊、比较利害得失,以使自己能够生存下去。从这个意义上看,整个人类都具有这种自保的理性,因此,采取以有用为目的的方式,有什么问题就解决什么问题,兵来将挡,水来土掩,这种实用主义思维方式是人类共有的。在擅长概念、命题、推理的西方文明中,这种思维方式也被称为知性思维方式,与哲学的、思辨的、理性的、整体性的思维方式形成对照。与实用主义或知性思维相对比,整体性思维方式或哲学思维方式,则是人超越了日常生活需要而产生的。整体性思维方式关注的不是有用的、具体的、特殊的知识,而是追求于日常生活需要无用的、全体的、无法有一劳永逸的答案的问题。不论是中国古代关注的四季循环、天道无常,还是西方古希腊时期关注的世界本原问题、根据问题、善恶问题、事物的意义等全体性问题,人类在思考这一类问题时,意识仿佛摆脱了世界构造"纯粹的"理论、神学、哲学、道德等。这种真正分工,即物质劳动和精神劳动分离的时候,"意识才能现实地想象:它是和现存实践的意识不同的某种东西;它不用想象某种现实的东西就能现实地想象某种东西"[①]。

按照整个的人的生存活动而言,这两种思维方式不分东西方,是活在世界的人都有的思维方式。尤其是知性思维方式,对现实的生活是必需的,否则生活难以为继,水管坏了、土地干旱了、粮食不够了、衣服不保暖了、车子坏掉了,等等,凡是影响日常生活的问题,都是需要运用知性思维方式去解

---

① 《马克思恩格斯选集》第1卷,人民出版社2012年版,第162页。

决的。整个工业文明促使现代自然科学由之生发出来,不是玄思妙想,而是生活的需要成为自然科学的强大动力,现代自然科学从一开始就与生产相关联,前科学时代的自然科学是自然哲学,真正使得现代自然科学从古代脱胎而生的恰恰是人们的现实生活过程,即现代工业的展开催生出现代自然科学。

义利之辨的生存论意义便由此展开,人活在世界上,在现实生活及生产现实生活的生命活动中,必须对人自身、人与人之间、人与自然之间权衡利弊,"利"由此而生,即人自身生存的当下与长远利益、人与人之间的集体与个体利益等。人生存在世界上,每时每刻都要对这些关系进行选择并行动,下意识的行为也并非未作考虑,而是有一般的伦理、道德、风俗、习惯、意识形态以及个人的世界观、价值观、人生观等因素在起作用,当然有的时候可能是非理性的情感、意志、欲望等激发的行动。在此意义上,与他人、与整体相关的属于"义"的范畴,就超出了个体利益,体现出了义的社会性、规范性、引导性以及普遍性特征。

由此可以观之,义利之辨在人类生存视角下看,产生于生存和生活需要。义利问题在生存论意义上是非常具有现实性的问题,人们随时都要在义利之间作取舍然后行动。这使得义利问题绝不仅仅是道德哲学问题,更加是一个生存论问题。在今天的世界中,对人类生存构成较大威胁的环境生态问题,譬如资源、能源危机和环境危机等全球性危机,并不是个体的犯罪或不义行为,而恰恰是人类集体非理性的行为所导致,如果忽略义利问题,那么全球环境能源危机治理就是纸上谈兵。

义利问题在人类生活中,因文化源流之不同,发展出了不同的向度。中国从家国天下的传统思想中走向现代化时,在"天人合一"自然观、家庭与个体深度融合中,面对西方工业文明带来的机械自然观、个体主义、利己主义的原则冲击,既要现代化、尊重个体,又要抵御西方机械自然观与极端利己主义等消极观念导致的现代人"无家可归"的虚无主义等现代性弊病。

在近代新文化运动前后,冲破旧的家庭观念和婚姻观,正是一次个体试图从传统家庭中突围的表现,是关于人的精神现代化的一次尝试,但是从物质基础、社会历史条件来看,当时的中国还缺乏人的观念现代化的现实基础。尽管1840年以来,直到新文化运动,中国社会历经多次改革、维新、革命的洗礼,但是中国的社会性质即半殖民地半封建性并没有得到根本改变。也就是说,现代化的思想、物质条件都是不具备的,精神的、观念的现代化缺乏根基。而人类的思想观念是建立在最基础的物质生活条件的生产之上的,与生产相适应的人与人之间的关系即分工是形成社会关系最基本的领域;人与自己的生产对象、劳动资料的结合便形成这一时期的生产力,同时形成相应的生产关系,思想观念、意识形态等便是对这一现实生活过程的能动反映。马克思指出,"意识在任何时候都是被意识到的存在,而人们的存在就是他们现实的生活过程……不是意识决定生活,而是生活决定意识"[①]。更重要的是,当时救亡图存的共同体精神成为每个个体的生存意志,个体的突围指向共同体的生存意志更为突出。无论是现实个体价值诉求,还是西方个体主义的渗入,都被熔铸在了家国一体的共同体精神之中。个体生命的延续与家族、民族的存续熔铸在一起,从而结成坚实的共同体。

而当中华人民共和国成立,尤其改革开放以来,经过艰苦卓绝的斗争后,我们赢得了相对稳定的社会环境与国际周边环境,现代化进程步入正轨。现代化的生产方式、经济活动组织方式、社会制度架构、社会组织结构等现代化物质条件随之建设起来。在现代化进程中,生产方式的改变,即由农业国向工业国的转变中,机器大工业在中华大地上轰轰烈烈展开,农民纷纷进入城市中从事第二、第三产业。传统的小农经济瓦解,现代化机器大工业体系建起。农民转变为机器大工业生产体系中的工人,与此同时,劳动方式转变带来了人的观念的、精神的变革。机器大工业生产所特有的管理方式、组织方式、运营方式、企业精神、工作纪律等重新塑造着劳动者的精神世界。市场经济作为基本的资源配置方式,在其自发自动条件下也吸引了大批试图有所作为之人。

这一时期,个体权利再次拥有并拓展了疆域。但是,市场经济同时也将

[①] 《马克思恩格斯选集》第1卷,人民出版社2012年版,第152页。

西方的个人主义带进了中华民族生命有机体中。此一现代化进程是全方位的,物质生产方式到精神观念世界的裂变,相比新文化运动时期,个体的突破原有家国体系框架,有了现实承载的物质基础。社会主义初级阶段的现代化建设中,允许一部分人先富起来的过程中,个体的主动性、创造性,在财富的创造、积累的奋斗中凸显了其存在。有趣的是,对于中国人而言,家庭、家族的观念根深蒂固,"一人得道,鸡犬升天"的观念在现代社会仍然有生存空间,比如一些海外华人对家乡的投资建设以及对教育、医疗、卫生等方面的捐款或献计献策,一些成功企业家对家乡的回馈等①。

从伦理学或者道德哲学来看,义,与利相比具有超越性,与利益有关系但是超出了利益的考量,不仅是局部与整体、当下与长远之区别,而且是在质上有所不同。中国古代义利之辨中的"义",由于中国传统思想中不同于西方的天人观,而具有天经地义、大道之取向,因此拥有了有别于主观的、超越的特性。与中国传统文化中的"义"相对照,西方伦理学或道德哲学中的义利观之"义",始终与主观性和利益纠缠在一起,尤其在知性科学强大的助推下,带来了科学与工业相结合,创制出了一个"私有财产神圣不可侵犯"的社会,西方经济学中理性经济人的假设突破了经济活动领域,造成了原子个人的生成。社会由原子个人铸成,原子个人以经济利益为中介,以利己主义为行事原则,组成社会。西方语境中的义利观在知性与常识的携手下,取得了绝对支配性地位。原子个人与利己主义耦合为社会,并非无条件的,也不是永恒的。这样的社会形成的基本条件正是马克思、恩格斯所批判的资本主义生产方式。生存于现代资本主义社会的人无论是在物质生活的生产中,还是在与其他人的现实生活的交往过程中,都被资本增殖逻辑操控,人与人之间的交往被物化。资本主义生产体系所赋予的基本原则,成为生活其中的现实个体无法拒绝的客观历史条件。现代资本主义社会基本构成之市场经济,现代科学技术,民主政治国家,理性、自由、平等等价值理念,

---

① 《刘强东的乡村振兴新实践:为家乡宿迁打造"霸王蟹"新名片》,《南方都市报》2022年10月12日。

看似普世公正客观,然而英国历史学家霍布斯鲍姆是这样描述的:

> 这是信仰经济发展依靠私营企业竞争、从最便宜的市场上采购一切(包括劳动力),并以最高价格出售一切的社会的胜利。建立在这个原则基础上的经济,自然是要依靠资产阶级来主宰沉浮,资产阶级的活力、价值和智力,都已提高到与其地位相当的程度,并牢牢保持其优势。以此为基础的经济,不仅能创造丰富而且分配适当的物质财富,还能创造日新月异的人类机遇,摆脱迷信偏见,讲究理性,促使科学和艺术发展。总之,创造一个物质和伦理道德不断进步、加速前进的世界。在私有企业任意发展的道路上,那些所剩无几的障碍均将一扫而光。世界机制,或谓尚未摆脱传统和迷信势力的世界机制,或谓很不幸的不是白皮肤(最好原籍是中欧、西欧、北欧的白皮肤)的世界机制,将逐步向国际模式靠拢,即领土明确的"民族国家",有宪法保证的财产和民权,有个选举产生的议会,和为财产、人权负责的代议政府,以及在条件成熟的地方让普通百姓参政,不过关于这点有个限度:得保证资产阶级的社会秩序,排斥资产阶级被推翻的危险。[①]

简言之,这是以市场经济价值规律为基础的制度安排的社会。价值规律是商品经济的运行规律,商品价值量由生产商品的社会必要劳动时间决定,商品交换是以价值量为基础按等价原则进行的,价格围绕价值上下波动。制度安排是以现代社会的意识形态以及民主政治、法律等措施保障价值规律运行,意味着现代社会诸如理性、自由、平等、法律、政治等观念的和政治的上层建筑全部以服务于价值规律的运行为目的,价值规律本质上是抽象劳动对具体劳动的统治。换句话说,现代社会人与人之间关系的实质实际上是抽象劳动对具体劳动的统治。这一整套看似普世公正客观的意识形态与制度安排,事实上是围绕资本增殖而展开的,现实的个人的活动在追

---

① [英]霍布斯鲍姆:《资本的年代》,张晓华等译,江苏人民出版社1999年版,第1—2页。

求民主、权利、自由等美好的内容的遮蔽下,实则以资本实现自身增殖为目标,现实个人活动所要满足的需要实际是在资本增殖的目标驱动下而衍生出来的,一旦这种现实个人的需要不能服务于资本增殖的目标,就不被整个社会评价体系所承认,而能够实现资本增殖目标的需求,即使毒害人的躯体与精神,也会被社会评价体系所承认。[①]

现代政治经济学又是如何解释的呢?西方经济学理论宣称,我们在市场上机会平等,由于天赋和智力等个体差异,一部分人成为资本的人格化,即资本家,一部分人为劳动的人格化,即工人,这里的劳动为雇佣劳动、抽象劳动的人格化。经济学是理性的科学,科学在现代社会是被看作价值中立的,没有好坏善恶之分。天赋与智力差异,在市场机会平等的情况下形成了资本家和雇佣工人,如此资本,以及人类大多数被归结为抽象劳动便是合理的、自然的。而那个被归结为抽象劳动的人类——工人,大多数陷入贫困,这便是资本主义经济理论表达,并且为现实的制度所保证的状况。政治经济学家们的解释,被他们自己内部小资产阶级的代表们戳穿了,蒲鲁东非常自豪地、以自己家族十七代农民所具有的高贵智慧宣称,财产就是盗窃,他很自豪地讲为什么他能发现这个秘密,就是因为他家十七代都是农民。马克思当时对蒲鲁东的这个"财产就是盗窃"的命题非常敬佩,认为他一下子说出了事情的真相,因为马克思也想到了这里,马克思表述的是财产关系不过是生产关系的法律用语。生产关系是权力体系,经由经济理性表达成为经济关系,经由法律表达成为法权、财产权利。

历史唯物主义中的生产力与生产关系原理,讲述的是一定时代的社会权力是如何形成的,二者之间的矛盾运动乃是人和人之间的感性冲突即矛盾是以怎样的方式演变的,本质上是社会权力的起源与演变,一部分人支配另一部分人、一部分统治另一部分人的制度体系,这不是科学原理,而是某种工艺的变革导致生产工具的变革,使用这种工具的劳动组织方式由此发

[①] 人民日报国际:《国际观察 | 美国政府为何将大麻合法化?》,https://3w.huanqiu.com/a/3517db/47UbOlntSOD?agt=7,2022年4月6日。

生变化，这显然超出理性科学、价值中立的科学、范畴基础上的科学研究范式了。资本也是一种生产关系，这是资产阶级和资产阶级社会的生产关系，资产阶级凭借着对生产资料的占有，夺走劳动者阶级的劳动及劳动产品，作为资本的代言人现实地统治着社会。

现代市场经济对人的基本假设是理性经济人，其所结成的市民社会以自私自利为交往的基本原则，由此带来每个个体对个人利益的极致理性算计，并导致人类集体利益招致非理性损害。即每一个单个个体的极致理性行动，共同缔造出集体行为的非理性结果。每个追求现代生活方式的个人都在给环境与能源危机施加"压在骆驼背上的最后一根稻草"。人类存续是整体性利益即属于义的部分，每个个体的个人利益与人类作为一个整体的生存发展之义形成了一种紧张关系。在资本主义生产体系中，每个个体以理性经济人的自私自利为基本行为准则，对一切人开展竞争，自然和资源在这场生存竞争中成为争斗的工具、成为财富富积的养料。这场无止境的竞争，带来了对自然和资源的无尽掠夺，使得自然生态环境与资源的消耗超出了地球所能提供给人类的生存发展的极限。虽然自然科学技术在不断地去适应这种规模的消耗而持续加速更新，但是技术更新本身往往以消耗更多的资源、造成更广的生态危机为代价，资本主义生产的内在机制使得全球的资源与人力在技术催化下高效运转，从而实现资本持续增殖，随之而来的是人类的生存危机不断加剧。

因此，义利问题并不是少数专家冥思或者实现学术理想的书斋里的问题，而是当代每个人都必需的对现实生活的批判反思。私人的个体行动意志与社会行为意志的脱节是每个个体的行动共同塑造的，也是现代社会的物质生产方式的机制共同造成的。今天对人类生存构成最大威胁的，不是个别人的犯罪或者危害性行为，而是生活在现代社会中，被资本逻辑操控的每个个体，在资本主义生产方式这个既定的生产机制下，所结成的集体行动。

在此意义上，改革开放以来，义利之辨重回我们的生活与理论视野，表面上是市场经济大潮裹挟而来，实际上却是人类生存问题借由经济问题重现。在革命年代，集体利益即中华民族的生死存亡直接关涉到每个个体的生死存亡，个体的利益与民族共同利益高度一致，每个个体在自身利益与民族共同利益冲突时，作出的选择往往是以民族的共同利益和集体利益优先。比如受到侵略者的威逼利诱时，只要妥协就能换来生命或者财产不受到损害，但是这种不受损害是建立在民族共同利益的损害之上的，这个认知来自亡国奴是不会有真正的生命与财产安全的理念，这是近代的抗争史与中华民族的历史给予每一个个体的生存智慧。作为绵延千年的文明，无论是持续的文明积累的生存智慧，还是近代并不久远的抗争史，印刻在每个中国人心头，共同体的集体利益有一种先天的、先验的应当地位。这种生存智慧作为一种生存经验被集体传承。而改革开放以来，市场经济所带来的恰恰是另一种生存经验，我们"拿来"了衍生于工业文明的、生产高度的分工社会化的文明结晶，如何结合我们的具体国情，用于我们的革命斗争、社会主义探索与建设，如何实现个人发展、国家现代化建设、人类命运共同体建设，最终实现同人与自然和谐共生之大义相一致，成为每个具有使命感、责任感的人的现实课题。

现代工业文明分工精细化、生产社会化与被原子化的个人互为因果，彼此共同生成并互相强化。从人与人结成的社会来看，原子个人是一切人对一切人斗争的社会的基本元素，就像商品构成资本主义生产方式下庞大的社会财富的基本元素一样。这样孤立、自足的原子个人，事实上又必须是与他人发生关系才能生存的现实个人，这种其实是存在于想象中的"原子个人"与现实中的"一切社会关系总和的人"在资本主义生产方式中是必需的前提。"原子个人"的想象以私人财产的形式落实到实际生活中，从而从想象的存在变成现实的存在。资本主义生产体系中的每个个体接受了"私有财产神圣不可侵犯"这个神话的同时，也就现实地接受了"原子个人"这种想象。于是个体作为资本主义生产的基本要素与机器可以进行任意的组合分工，因为这样的原子个人已经被抹去了所有的个体差异，成为生产体系中可以任意分拆组合的"原子"。

这个原子个人的假设，在近代中国救亡图存的探索中一直没有找到落地中国的出口。因为作为原子个人,其本该作为生活常识的利益原则,在特殊的历史情境下被集体意志所吞噬。即,个人利益与民族共同利益,在整个民族救亡图存的强大意志中获得了奇妙融合,以致源自生物保存自身的本能的个人私利被现实地超越了,其现实地展现为:民族共同利益是每个个体个人私利的最根本保证——这个民族中每个成员的自由、生命与财产安全,现实地表现为民族的独立、自由与强大,这个民族的现实延续是实现其每个成员个体生存发展的基本保证。于是,在近代中国历史进程中,哪怕是最激烈的全盘西化学习也没能将中华民族的精神样式置换掉,反而是激起了每个个体"天下兴亡,匹夫有责""敢教日月换新天"的大无畏气概与品格,实实在在烙印在民族精神样式中。这样的精神在新时代被继承和发扬光大,成为我们继续前进的原动力。

资本主义生产社会化与资本主义私有制这一对资本主义原生基本矛盾,在中国特殊历史时期成为革命和解放中"可以攻玉"的"他山之石",但其中的原子个人的极端利己主义精神基于历史的、文化的等诸多因素被消解了,其生存的智慧结晶被"拿来"并吸收利用。这个过程中人民的个体智慧形成的合力作用日益凸显。以传统的民本思想为基础,在马克思主义唯物史观的指导下,以革命的理论武装人民群众、发动人民群众的革命建设理论与行动便水到渠成。

所以无论是革命战争年代,还是社会主义探索建设时期,中国共产党的群众路线都是基本的工作方法,群众路线的形成以历史唯物主义"人民群众是历史的创造者"为理论依据,这个理论与工作方法同时成就了生产社会化,给现代化打下了坚实基础,却成为原子个人生成的屏障。这个屏障在积极的意义上看,自私自利的个人主义消极因素被抑制,使得资本逻辑始终无法有原子个人作为其称手的工具。对社会主义市场经济体制的建设来说,运用资本这个解放发展生产力的工具,更好地服务于社会主义建设、服务于人民美好生活的建设则是有利的。但是,我们也要看到,个体长期以集体意志为个人意志,这种历史惯性一方面在现代生产与生活方式的冲击下激起反弹,多元化的价值观与生活方式使得原子个人有了落地的可能,原子个人落地则会强化资本逻辑在现实生活中的实现强度与广度,社会主义建设中遭遇资本逻辑的挑战也将更多更广;但是另一方面这个过程也并非完全是消极的,就积极的意义而言,马克思主义理想社会之"自由人联合体"中的自由人恰恰可以从中得到发展,即个体权利与责任意识在历史惯性中,长期与集体意志处在一个被抑制的不平衡发展中,虽然原子个人容易滋生出极端利己主义,但是也不乏主张个体享有权利、承担责任,原本被集体所承担的全部社会责任,在这个过程中可以被个体有意识地察觉并主动去承担。这对于打破社会承担无限责任,个体犹如"巨婴"只想有权享受却不分担责任有积极的激发作用。

二、生存理念在义利观融合中的突破创新

综上,社会主义建设与中国式现代化进程中,市场经济、资本工具自身携带的原子个人基因,恰恰可以成为"自由人联合体"中自由人的养分。如何在社会主义初级阶段实现自由人的积极发展,是继生产现代化之后,人的现代化之关键。人的现代化是在生产现代化中逐步展开的,它并非一个自然而然的过程。生产现代化必然带来生产方式、生活方式的变革,但人们头脑中的观念和社会意识是具有相对独立性的。在物质生活及其生产方式现代化的过程中,思维方式变革可以是多方向的,既可停留在前现代化阶段,比如中东一些国家;也可以是被欧美同化为资本主义的,比如东欧等国从社会主义转变为资本主义;还可以是社会主义的,比如中国等社会主义国家自觉以社会主义核心价值观抗衡资本主义意识的侵蚀。

列宁说,"没有革命的理论就不会有革命的运动"[1];马克思说,"批判的武器不能代替武器的批判,物质力量只能用物质理论来摧毁;但是理论一经掌握群众,也会变成物质力量。理论只要说服人,就能掌握群众;而理论

---

[1] 《列宁选集》第1卷,人民出版社1992年版,第274页。

只要彻底,就能说服人"①。人民能够成为变革现实的物质力量,并非自然而然地发生的。如何能够成为变革现实的巨大的物质力量?太平天国运动作为我国历史上农民起义的最高峰,并未能够担负起近代中国救亡图存的使命,随后洋务派、资产阶级维新派、革命派等主导的改革或革命,这些社会的、文化的诸运动都没能完成近代救亡图存的历史任务。但这些归于失败的运动,每一次都为古老的中国带来一些新的因素,带来一些量的变化,每一次的失败都在为唯一的现实的道路廓清障碍,撬动整个社会的革新积聚力量,这是个不断"拿来"并吸收现代工业文明中"社会化大生产"衍生的生存智慧的过程。成功的道路,从中国古代思想家们的视野去看,可以概括为"得民心者得天下""天时地利人和",甚至还可以告诫我们"水能载舟,亦能覆舟"。但是,能够承担起时代使命的"民",却不仅仅是具有自发斗争意识的农业文明中的"农民"、工业文明中的"工人",人头脑中的思想观念已然焕然一新,其遂转变成能够自觉承担起民族独立解放的任务,能够承担起社会主义探索和建设、实现中华民族伟大复兴的历史使命的这样的"觉悟"的"人民"。正如马克思在《共产党宣言》中强调了教育的重要性,共产党人也意识到教育对人民群众的重要程度。从革命年代到建设年代,国家持之以恒地抓学习和教育,对党员、农民、工人、军队指战员等各个方面进行扫盲,一刻也不曾放松。而原子个人,或者说西方经济学的"理性经济人假设",在民族生死存亡的危急关头,是没有西方经济学"理性经济人"的容身之所的,依照自私自利的原则作出选择行动的个体,在这个特殊的时刻,倏忽间就会从历史舞台退下。这一历史剧的"剧中人"和"剧作者"②,从历史中走向了今天,也将继续走向未来的先锋与主力是人民,只有人民。

硝烟散去,血与火的岁月逐渐淡去,和平与发展成为时代的主旋律。和平建设时期,战场转移到头脑之中。社会主义初级阶段,国家集中力量解决落后的生产力与人民群众日益增长的物质文化需要的矛盾,人们对生活方

---

① 《马克思恩格斯选集》第1卷,人民出版社2012年版,第9—10页。
② 《马克思恩格斯选集》第1卷,人民出版社2012年版,第227页。

式、生存理念的选择随着市场经济大潮日趋多元化。市场经济资源配置的自发调节通过个体对资源的占有与再生产实现,个体财富与社会财富的积累在这个过程中迅速扩张。同时,国际市场的竞争愈发刺激,竞争烈度不亚于战争,如20世纪二三十年代"大萧条"甚至引发了第二次世界大战,以及1998年亚洲金融危机、2008年美国次贷危机引起的金融海啸。

中华人民共和国成立以来,国家建设成就瞩目,但遇到的挫折与挑战也同样艰巨,"生于忧患,死于安乐",危机孕育着希望,若想抓住希望,首先要认清敌我。改革开放进入深水区,面对激流险滩,深一脚浅一脚的探索难免有得有失,如何能在曲折中锚定前进方向,坚定前行就成为重要问题。在生存论意义上,社会主义还没有在全世界范围内实现,改革与发展是促使中华民族每个个体在人类命运共同体当中能够为幸福美好生活而自由全面发展的必由之路。这条道路并非一帆风顺的,在激流险滩中前行,必须有清醒的头脑、坚定的意志、百折不挠的斗志、勇于拼搏的精神,这样的"剧作者"和"剧中人"需要不断学习、不断实践,要兼具理论家与实干家的能力,认清当下生存危机的本质,立足社会主义建设道路,谋求人民的美好生活之路。

地球在过去,在当下,在可预见的未来,都是人类的唯一家园,人类在共同的家园中同呼吸共命运,绿色可持续的生存发展是每个个体都期待并为之努力的。鉴于民族的、历史的、文化的、风俗习惯的发展模式、发展程度等各个方面的差别,每个国家、地区、民族的选择各有不同,如何协调一致共谋发展,究其根本仍然是义利之辨这个核心议题。在生存论意义上,人类的生存发展是大义,个体的生存发展本该与此根本一致,但在资源的分配上却遵循"自然"禀赋,人类个体之间的生存在当下仍然是以资本主义生产为主要形式,这也导致自由竞争成为基本准则,国家之间、地区之间、个体之间皆以资本主义生产体系中的自由竞争来获取生存发展资源,而资源的"自由竞争"就演变成了生存之战。在现代科学的加持下,机器的理性计算能力充分发展,有望突破资源束缚的核能被开发使用,随之而来的是可以毁灭人类文明的核武器被制造,甚至在战争中被使用。人类的理性能力被运用到能够毁灭人类的程度;人类生存的基本条件、作为人的无机生命的自然,被破坏性利用到威胁人类生存的程度。在绿色发展视域下审视人的生存经验与生存智慧时,那个古老的议题历久弥新,义利之辨有必要重新加以思考。原子个人所秉持的自私自利原则,突出了义利之辨的生存论意义,不是单纯的个体权利的生长,而是涉及整个人类存续发展的现实问题。

借助市场经济体制配置资源来解放发展生产力的同时,原子个人的自私自利原则也随着市场的自由竞争而来,并从经济生活溢出到社会生活的方方面面,有人将之称为现代化进程中"人的现代化",因为原子个人去除了人宗法的、伦理的、血缘的联系,解除了人的依赖关系。在这个时期,工业化、现代化席卷全球,人类或主动或被动地共同面对原子个人建构起的现代文明危机,原生态的欧美发达国家并没有因为先发优势而取得显著成就,反而在无力解决的情况下设置出更多的对立分裂议题,比如身份政治、性别对立、极端动保主义、种族冲突等;而全球气候问题、生态危机、能源危机也成为欧美发达国家的政治议题内容。后发国家和地区的人民在现代化进程中处处被先发国家掣肘,借由环境问题限制后发国家的发展,试图维持发达国家的高能耗、高碳排放生活方式,让占全球不到两成的人口消耗着全球八成以上的资源。这样的资本匹配方案显然不公平,但被发达国家借着先发优势、借着新殖民方式维持着。这一资源匹配方式的异议虽然可以被提出并讨论解决方案,但是分配方案一旦事实上构成对发达国家的威胁,提议国就会成为被排斥的异己力量。正如石油资源国所在地区的各种冲突背后都有欧美的离岸平衡手在动作,后发国家的崛起在资本主义生产体系中有被划好的界限,作为加工地、生产技术转移地、市场和原材料产地等,超出规定的界限就会遭到资本力量的代表欧美发达国家的"剪裁",从生活方式上方方面面对其进行渗透,让这些后发国家成为资本的"掌中物",成为资本增殖吮吸甜美乳汁的奶牛。

先发工业文明为全球画出"历史终结"的大饼,它们代表着美好的发展前景和人类憧憬的美好生活,而人们愿意接受这幅用于"饮鸩止渴"的"海市蜃楼"图景,在于资本主义生产体系不断生产的不仅仅是物的商品,还有意识形态和观念,人们在消费这些商品的时候,不断"消费"自身并建构成为资本需要的原子个人。原子个人在匮乏时期依靠对物或财富的占有现实地存在,在丰裕社会则依靠差异基础,在个性化、特殊化符号基础上的消费主义中寻找存在。

现代人生存的虚无主义,既有生命的无常,又有现实地被资本主义生产体系所定义的无意义存在。无意义是因为人自己的生活实际属于资本增殖,而非属于人本身。人生产得越多、消费得越多,人的本质力量就越对象化到支配人的资本主义生产体系中去,人在这样的生活中就越发单薄,人的对象化本质力量越强大,控制人的资本的力量就越强大。而资本并非从来就有的,其产生的条件是历史的、现实的。马克思、恩格斯对资本的前世今生进行辩证的批判,一方面肯定其历史上的积极意义,另一方面从其产生中就包含的基本矛盾指出其必然被取代的命运。按照马克思在《1857—1858年经济学手稿》中的社会三形态划分,原子个人是现代社会相较于传统社会变革的关键,能够推动社会从"人的依赖关系"转进到"物的依赖关系",原子个人以自私自利的原则与其他人交往,资本主义生产方式建立起了以物的依赖关系为基础的社会,相比前一历史阶段,人的自由与发展获得新的内容,但是同时人自己反对自己的程度也加深了,人的本质力量对象化到物之中,反过来成为支配人,即人创造生产出的机器、技术、积累起来的劳动变成资本,成为安排、规定、定义人怎样生存生活的力量。人被自己异化的对象性力量所捕获,并且越生产发展,这股捕获人类的力量就越增强。虽然海德格尔晚年发出感慨"也许只有上帝能拯救人类了",但人要从这股力量中解放出来,并不能依靠所谓的"救世主"。"上帝救赎"这种想法在"二战"后是流传于思想家中的一种普遍思潮,尼采与叔本华在生前并没有什么水花,但是在他们逝去多年后声名大噪,很重要的原因在于,"二战"惊醒了沉浸在美梦中的人们,欧美发达国家的人民和思想家们发现,机器大工业时代给予的"丰盛"背后有着巨大的代价,后工业、后现代等称谓的变化部分反映出西方思想界对"二战"前理性、乐观的发展主义的反思,"人类也许能学会调整自己以适应用同归于尽威胁着他们的巨大力量,对现实的清醒估价和合理妥协的准备将开辟通向未来的道路"①,这场反思不可谓不深刻,从黑格尔到海德格尔,从欧陆哲学家到英美分析哲学,他们都在与先哲们的古希腊思想进行交流与对话,反思西方文明及其根基以及当下的现实生活世界的真相,从黑格尔、尼采、海德格尔等追溯到古希腊——欧洲文明摇篮,试图找出现代文明的发病根由,为现代人的生存危机寻找出路。但就目前欧美社会所体现的各种撕裂来看,虚无主义危机并未得到解决。

在具有非原生态的现代化的中国,悠久、绵延不绝的文明传统在义利问题上有着自轴心时代以来的丰富资源,尤其在儒家,义利之辨是基本问题之一。张栻在《孟子讲义序》中说,"学者潜心孔孟,必得其门而入,愚以为莫先于义利之辨";朱子说,"义利之说乃儒者第一义"②。儒家诸多论题与义利之辨直接相关,如"人禽之辨""王霸之辨""君子小人之辨""经与权"等;到宋儒演变为天理与人欲之争。中国传统文化中的义凸显出超越性、客观性。春秋战国时,诸子百家已经对这个问题进行辩难,《论语·里仁》言道"君子喻于义,小人喻于利",朱子《集注》解释此中之"义"为:"义者,天理之宜也"③,"义者,事之宜也"④。《论语·卫灵公》中指出,"志士仁人,无求生以害仁,有杀身以成仁"。文天祥也曾说"孔曰成仁,孟曰取义"。《孟子·告子上》提出"生,亦我所欲也;义,亦我所欲也,二者不可得兼,舍生而取义者也"。孟子这段论述虽带有主观选择之义,但所选之根据依然为"事之宜",于今时今日仍然有启发和借鉴意义,这恰恰是习近平总书记强调坚定文化自信,继承和发扬优秀传统文化的应有之义。

在西方,自柏拉图《理想国》起就在讨论正义和正义的好处问题。柏拉图借苏格拉底之口凸显了正义与利益的棘手关系,这个问题一直延续到康德通过理性给自己立法,以道德律令、主观主义的方式面对义利问题。绝对的道德律令其实无法解决实际问题,因为义利问题往往是发生在特殊情

---

① 〔德〕伽达默尔:《哲学解释学》,夏振平、宋建平译,上海译文出版社1994年版,第107页。
② 〔宋〕朱熹:《与延平李先生书》,载《朱子全书》第二十一册,上海古籍出版社、安徽教育出版社2002年版,第1082页。
③ 〔宋〕朱熹:《四书集注》,中华书局2001年版,第73页。
④ 〔宋〕朱熹:《四书集注》,中华书局2001年版,第52页。

境中的,不顾具体情境的绝对命令无法给人以明确的行动方案。义利问题在西方语境中主要呈现为义务论与后果论、普遍主义与功利主义等。中西两相比较,类似之处在于,道德或义与个人利益的冲突是基本事实;区别在于,中国古代尤其发展到孔子之后,义的超越性、客观性十分突出,与西方的主观主义形成鲜明对比。在现代化进程中,创造性地转化中华文明中独特的义利观,有鉴别有选择地吸收人类文明成果、走中国特色社会主义道路,对建设和谐中国、美丽中国至关重要。

改革开放给中国人的生存方式之精神样式与物质生活方式带来巨大改变,一方面是社会主义市场经济制度建立,鼓励非公有制经济发展,鼓励万众创新创业,这一过程激发了巨大的创造力、解放了生产力;同时,另一方面,资本在市场经济中逐步壮大,既创造了大量就业岗位、吸纳了劳动力,也为市场提供了更加丰富的、琳琅满目的商品。电网、公路网、铁路网、信息高速公路网等关系国计民生的基础性行业、国防事业等依然由国有经济和国有企业主导,而其他民生行业,那些创造财富又能满足人民美好生活需求的行业,民营经济所占比重不断增大。这当中,小微企业与私人资本灵活机动,出现不少在社会责任与唯利是图之间走钢丝的行为,有人援引西方经济学理性经济人假设,认为市场主体就是理性经济人,社会责任不是市场主体所应主动承担的,国企改革中的抓大放小,恰恰是甩掉包袱轻装上阵。

资本的力量在市场经济大潮中不仅成为经济领域的弄潮儿,而且逐渐渗透到日常生活中,渗透到个人与集体和人与社会的关系之中,义利之辨在新时代以古老的议题形式呈现出新的内容,社会一些敏感职业如教育、医疗等领域的产业化引起了激烈的争论,这些领域的公益性质与市场的营利性形成了强烈的冲突对立,为人师表的师道尊严、救死扶伤的大医精神,这两个职业领域的道德操守与精神样式,在传统中有恒定的内容,与市场经济格格不入,一旦产业化与利益挂钩,相当于在传道授业解惑这一传承中、在对生命的敬畏中,掺杂进了利益算计。而传道授业解惑肩负的传承教化与大医精神蕴含的敬畏生命,合起来可称为性与命,这种性与命不仅仅是生命,《中庸》有云:"天命之谓性,率性之谓道,修道之谓教。道也者,不可须臾离也",道原出于天而不可易,其实体备于己而须臾不可离。这样的性命乃是与道须臾不可离,"唯天下至诚,为能尽其性。能尽其性,则能尽人之性"。至诚方能尽其性,利益算计与道背道而驰,《道德经》同样提到,"为学日益,为道日损",意思就是用于算计的知识学得越多,离大道真理就越远,或者真理被遮蔽得越厉害。

相较于西方从古罗马时期和基督教统治世俗社会时期个体就从共同体中分解出来,罗马皇帝的臣民自诩为上帝的子民从而获得自身的个体性存在,个体主义的消极方面则通过皇帝与宗教获得制衡。直到18世纪,产业革命带来机器大工业,资本主义生产方式确立,个体的想象性存在有了具体的物质载体,即财富,并以自然法权的形式在政治生活中获得承认,原子个体成为社会的基本要素,家庭被系统性瓦解,只有个人存在于世界,个体主义的消极后果失去了抑制机制,家庭和宗教都成了私人的事情,缺乏超越个体主义的价值维度,看似彰显个体存在的、自私自利的原子个体从此走向了虚无主义。

在此基础上,生存论意义上的家的现代重建作为中华文明的一部分,能在现实中承载天道、解决现代个人主义消极性带来的人类生存危机,为西方现代文明侵袭下之"无家可归"的人找回归属之地。这个家并非抽象、比喻意义的,而是以孝悌为核心的中国传统家庭,剔除等级观念的顺从与服从,以现代尊重个体权利、自由与平等的内涵,凸显对生命延续的感恩、敬重、仁爱等价值理念,恢复个体自然的、温暖的归属,在家庭中实现自由个体的联合共同体。个体在家这个最基本的自然共同体中,以情感为纽带,培育最初的责任感与参与感,使家庭成为公共品质的培育空间,从而获得自由个体与他人联系和交往的能力,抑制个体主义所造成的盲目的、一切人对一切人的竞争状态,这种消极的竞争往往使得人类的生存条件遭遇毁灭性损害,人类赖以生存的自然生态环境、资源在无序的竞争中被盲目开采、利用,少部分国家和人从中获益,却令全球共同承担生态风险、面临生存危机。中华文化在现代西方文明的冲击下,一方面唤醒了自由个体的存在,另一方面,传统家庭理念面对冲击能否实现创造性转化,从而为被唤醒的自由个体创造出新的归属这一论题,对现代化进程中的中国乃至人类生存危机的破解都有重要意义。

结　语

绿色发展视域下人的生存方式研究，这一课题的结尾章原计划是实践路径，碍于笔者个人的知识储备、学术能力以及时间精力的局限，遗憾这一部分只能以结语的形式作个初步概述。这一部分事实上可以作为新的课题来展开，新的时代已经来临，当下在绿色发展理念引导下，我们的经济生产、我们的日常生活正在向绿色转变升级，新的生存经验、生存智慧正在发生、酝酿着。"'解放'是一种历史活动，不是思想活动……是由历史的关系，是由工业状况、商业状况、农业状况、交往状况促成的"[1]，新时代的社会主义建设、中国式现代化进程正在将"解放"的历史条件创造出来。理论是灰色的，生命之树长青，理论相对于实践永远是滞后的。最后，本书将以对绿色生存方式的实现路径的几个不太成熟的设想作为"绿色发展视域下人的生存方式研究"项目的结尾，期待在不久的将来作为新的研究起点弥补这一遗憾。

践行绿色生存方式实际上也是新时代人民美好生活的建设，是中国式现代化的实践历程。当下人民美好生活的实现必然要求中国式现代化的建设，中国式现代化的本质就是追求和实现人民的美好生活追求。那么美好生活是什么样的？怎样实现？"放羊娃的故事"是个很有意思的循环式生存。关于这个故事，引发了很多思考方向。借着这个故事我们展开绿色生

---

[1] 《马克思恩格斯选集》第1卷，人民出版社2012年版，第154页。

存方式的实现之第一个维度——铸魂。

放羊娃周而复始的生存方式，作为一个广为流传的故事来被讲述，透过故事我们可以问，这样的生存方式，看起来与动物的生存繁衍似乎并无二致，那么老婆孩子热炕头和动物的本能生存方式有无本质差别呢？显然有。人的生存方式既有动物的保存自身的生命活动方式，同时还有不同于动物的、主动的、超越的精神性活动样式。广义上而言，老婆孩子热炕头当中蕴含丰富的社会关系，其中有最基本的家庭的关系，家庭既有道德、伦理的内容，又有经济的生产的合作与分工方式，夫妻孩子各有职责义务、行为规范，有着具体的生产劳动分工。这些职责义务、行为规范、劳动分工，在不同的历史时期、不同的地区、不同的民族中有着具体与之相适应的内涵。从通常的批判视野中来看，这样的生存方式有一种固化的特点，生命缺乏积极的、创造性的实践，周而复始顺从于某种僵化的生命形式，人的精神性似乎消退在这样的生命活动中，人像动物一样凭借本能而存在。对于这样的生存方式的评价先搁置不谈，近代史中华民族的百年沉沦中，广大人民群众似乎就处于这样的状态，鲁迅先生的著作中颇多对这种僵硬、犹如一潭死水般的群体性生存的描写与批判，譬如《狂人日记》中叫不醒的多数人，陈天华的《猛回头》《警世钟》等也无不是对当时麻木、僵化了的人们的唤醒。

在近代波澜壮阔的革命运动中，人民不断被刺痛，人们并非麻木不仁，犹如放羊娃般以最低的活下去的生存之道行事也无法存活于世，放羊娃也有自己的底线，当活下去成为奢望，生命的冲动被激发出来，苦难中孕育出革命的蓓蕾，然而这蓓蕾能否在严苛的条件下成就春华秋实，却不能仅仅依靠被激发出的本能去行事，这是历史已经向我们证实过的。亿万人民迸发出的怒吼，像国歌里唱的那样，"中华民族到了最危险的时候，每个人被迫着发出最后的吼声，起来起来起来，我们万众一心冒着敌人的炮火，前进前进前进进！"人民的力量汇聚成江河湖海，打造出一个崭新的、人民的江山。

为什么能够迎着敌人的炮火前进？这巨大的危及生命本身的行为显然不是动物保存自身的本能活动，而完全是与保存自身的本能相悖的。近代无数先烈抛头颅洒热血，中国共产党自建立起超高的牺牲率、超低的幸存机会不但没有使得这支先锋队短折,反而使其在烈火的淬炼中璀璨,火星四溅,终成燎原之势,带来了中华人民共和国的成立,人民迎来了属于自己的时代、人民的江山。鲁迅先生笔下的沉睡的人们倏忽间旧貌换新颜了,国民党在解放战争中的大批被俘士兵经过改造,在抗美援朝战场上成为英勇的保家卫国的战士,涌现出无数战斗英雄。中国共产党带领人民建立中华人民共和国,这群人被点石成金,并不是什么魔法,而是人自身的复杂性成就出这魔法般的效果,这点石成金的手法是因为,人本就是金,而非顽石,那金有顽石之质,又有精神之内蕴,点石成金之法,恰恰是要把沉睡于玉石之中的精神内蕴唤醒,苦难的时代,人民要活下去,必须有顽石的顽固坚硬,这种坚硬直率却又如杂草般坚韧,因为内在的精神支撑着坚硬的外壳,不会轻易被苦难击垮。中国共产党这支革命先锋队以其英勇无畏、敢为人先、吃苦在前享受在后的行动引领人民,言必信,行必果,知行合一,中国共产党的初心是知行合一的实践,理论的彻底不在于语言的精妙,而是在于在现实中切实地改变这世界,巧言令色鲜矣仁,群众的眼睛是雪亮的。

这便是笔者对于践行绿色生存方式建设美好生活的第一个思考维度——铸魂。具体而言,继承和发展传统实体性共同体精神样式,既有超越性的家国天下情怀,又有"自由人联合体"中自由之精神。简言之,新时代民族精神样式需要为生活赋予坚不可摧的意义。

在人与自然的关系上,坚持人与自然和谐共生的中国式现代化建设,在人与人、人与社会关系上,坚持人类命运共同体建设,坚持改革开放,与国际社会、广大发展中国家携手共进,实现技术更新、经济发展、社会和谐、自然生态友好型的人类美好家园建设。这种宏大的愿景之实现必须要有坚定的理想信念、脚踏实地的干劲、坚韧不拔的意志、团结与斗争的艺术手段。具体而言,需要实现四个观念的转变:一是自然观,实现向人与自然和谐共生的转变;二是历史观,深化历史观意义上的唯物辩证法和辩证唯物主义观点,洞察当下历史阶段人类生存危机与化解之路,不骄不躁;三是发展观的转变,发展不囿于经济增长与物质财富增加,着眼于绿色发展、全面发展;四是教育观,积累和培养绿色生存经验与智慧,美好生活的实现需要清醒的头脑、审慎的判断,以做到行胜于言、知行合一。这正是治疗绿色发展理念与行动相背离的良方,但是铸魂本身还需要坚实的物质基础。

践行绿色生存方式,铸魂必须有坚实的物质基础,这个物质基础不是指物质生活或者物质生活条件,而是指现实的物质承担者,从而保证行动和目标得以一致地去实施,这需要坚持中国共产党的领导,充分发挥人民群众的历史主体作用。中国共产党初心使命是以人民为中心,以人民对美好生活的向往作为根本任务。在这一基础上,中国式现代化的方向得以保证,绿水青山与金山银山不是对立的,恰恰是互相成就的。美好生活基本维度便有了切实可行之路:生存环境绿水青山由绿色发展理念指引的高质量发展来实现,由物质生活基本条件高质量发展、现代化建设实现共同富裕来落实;精神世界则以人的全面发展的需要破除单纯追求物质享受的单向度发展。简言之,坚持中国共产党的领导,坚持社会主义道路,从理论到实践,这始终是破除现代世界资本逻辑控制人的生存方式的必由之路。

践行绿色生存方式建设美好生活,还需要清晰界定美好生活需要与消费主义、享乐主义、物质主义等的边界。每个人的解放、自由全面发展必然带来丰富的需要,这些丰富的需要有自然需要,有真实的需要、虚假的需要,有生存的必需、奢侈的需要。其中奢侈的需要、真实与虚假的需要,必须特别关注。奢侈的需要本身是历史的,比如受教育在今天是每个人的权利也是义务,但是在传统社会中,教育本身只是少部分群体的特权,属于奢侈的需要,而今天教育的民主化、大众化、普及化,将这项奢侈需要变成了每个人自由全面发展的必需,所以笼统地、不加以区分地对需要承认或者否定,会使得美好生活的建设走向歧路。虚假的需要与真实的需要之分,来自评判的标准与价值导向,对于资本主义生产运行体系而言,一切有助于资本积累的需要都被宣布为真实的需要,一切无助于资本积累和增殖的需要则被剔除,被宣布为虚假的需要。具体而言,生活方式与消费方式上要坚持辩证的、历史的观点,审慎判断合理消费与过度消费的评判标准。

践行绿色生存方式追求美好生活,依靠每个现实的个体的努力,即发挥人民群众的主体作用,具体而言,尊重劳动,"我们首先应当确定一切人类生存的第一个前提,也就是一切历史的第一个前提,这个前提是:人们为了能'创造历史',必须能够生活,但是为了生活,首先就需要吃、喝、住、穿以及其他一些东西。因此第一个历史活动就是生产满足这些需要的资料,即生产物质生活本身,而且正是这样的历史活动,一切历史的一种基本条件,人们单是为了能够生活就必须每日每时去完成它,现在和几千年前都是一样"[①]。劳动对于人的生存与发展而言是必需的,但是在分工产生并深化发展以后,劳动与休闲就成为对立关系,有闲阶级似乎才是真正的人,劳动者在社会中不被承认为人,只是作为供养有闲阶级的工具,劳动也因此被贬低。直到马克思、恩格斯创建唯物史观,劳动尤其是物质生产劳动,以及从事物质生产劳动的群体,像是忽然出现在了人类历史中一样,人民群众作为历史的创造者、历史的主体重新被认识。绿色生存方式的践行,必然离不开历史创造者的努力。人民群众的主体作用充分发挥,要求我们必须尊重劳动、尊重劳动者,与劳动表面对立的闲暇也必须重新与劳动实现和解,劳动的自由创造性才能从强迫劳动中解放出来,劳动及其产物才能重新复归于人,真正丰富人的本质,生成"自由人联合体"中的自由人。

最后,践行绿色生存方式,既是中国人民追求美好生活、建设美丽社会主义现代化强国的本质要求与必由之路,也是推进人类文明形态向绿色生态文明转变、实现人类生存方式升级转型的历史进程。这一过程中中国式现代化的探索、实践与经验总结不仅仅是中国的,更是世界的。具体而言,即在推进生态文明建设的制度创新实施中以人民的需要为出发点和立脚点。生态机制建设围绕引领人民的绿色生态文明意识价值导向、促进生活方式与消费方式的绿色生态化转变、培育生产方式的绿色转型升级、落实双碳战略、推进和完善绿色低碳政策与评价标准等方面,展开全方位、全过程的系统建设。立足中国,面向世界,以开放的姿态与世界人民携手共进,实现绿色生存方式的转变,探索人类永续存在发展之路。

[①] 《马克思恩格斯选集》第1卷,人民出版社2012年版,第158页。

图书在版编目（CIP）数据

绿色发展视域下人的生存方式研究 / 邓秋菊著 .—上海：上海社会科学院出版社，2023
 ISBN 978-7-5520-4291-7

Ⅰ.①绿… Ⅱ.①邓… Ⅲ.①绿色经济—经济发展—研究 Ⅳ.①F062.2

中国国家版本馆CIP数据核字（2023）第230795号

绿色发展视域下人的生存方式研究

著　　者：邓秋菊
责任编辑：陈慧慧
封面设计：陈　昕
出版发行：上海社会科学院出版社
　　　　　上海顺昌路622号　邮编200025
　　　　　电话总机021-63315947　销售热线021-53063735
　　　　　http://cbs.sass.org.cn　E-mail: sassp@sassp.cn
照　　排：南京展望文化发展有限公司
印　　刷：上海新文印刷厂有限公司
开　　本：710毫米×1010毫米　1/16
印　　张：11.75
字　　数：171千
版　　次：2023年12月第1版　2023年12月第1次印刷

ISBN 978-7-5520-4291-7/F·754　　　　　　定价：60.00元

版权所有　翻印必究